JN074591

部活でスキルアップ！

勝つ卓球

動画でわかる最強のコツ50

メイツ出版

はじめに

卓球は奥深く繊細な技術を要するスポーツです。その難しい技術を選手たちに伝え、強くさせるためにはどうすればいいか。考えれば考えるほどアイデアは浮かんではきますが、私はあまり難しく手広くはさせずに、シンプルにまとめたことを徹底させています。

そのためには、指導する側が考えたさまざまな練習方法を、いかに選手たちにシンプルに伝えるかがポイントです。そして、伝えたことを徹底的に叩き込みます。今は上達のための手段があふれていますが、あれこれと手を出した結果、選手の才能を潰してしまっては意味がありません。いかにシンプルに徹底して練習させるかが、

選手を強くする一番の近道だと思います。

この本では、卓球の基本的な技術から試合で役立つ戦術に至るまでのコツを分かりやすく解説しています。付属の映像では、プレー中の細かな動作を確認することができるので、本書と合わせて活用してください。

また、正智深谷高校卓球部の一日の練習メニューや年間スケジュールなど、部活動において大切なことを紹介していますので、部活動を行う際の参考にしてください。この本が若き選手たちの技術向上と、部活動の充実に役立つことを切に願います。

正智深谷高等学校
卓球部監督　平　亮太

この本の使い方

この本では、卓球部で活躍するためのコツを50紹介しています。ラケットの握り方や基礎打法、サービスの出し方から、試合で勝利するためのショットや戦術、効果的な練習方法やトレーニング法に至るまで、卓球をマスターするための知識やポイントを一通り網羅しています。

最初から読み進めていくことが理想ですが、自分が特に知りたいと思うところだけを読んで身につけることも可能です。コツは原則として2ページにひとつ紹介されています。各ページには、テクニックを習得するためのポイントとコツがあげられていますので、みなさんの理解を深めるための手助けにしてください。

解説文

このページで紹介するコツと、関連する知識を解説している。じっくり読んで理解を深めよう。

タイトル

このページでマスターするポイントと、テクニックの名前などが一目でわかるようになっている。

PART 2
コツ 07
正しいフォームで構える
基本姿勢を身につける
HECK POINT!
両足を肩幅よりも広げてヒザを少し曲げる
かかとを上げてつま先に重心をかける
ワキは軽く締めた状態でラケットを相手に向ける
すばやく動けるように前傾姿勢をとる
相手の攻撃に対して正しいフォームで構えることは重要なポイントです。ここでは、その基本姿勢を体のパーツごとに紹介します。
まず、両足は肩幅よりもやや広く平行に開き、両ヒザを少し曲げてつま先に重心をかけます。次に上半身は肩と平行を保ち、前傾姿勢をとります。両ワキは適度に締めます。締めすぎるとラケットの振りが遅くなるため、ゆとりを持たせます。ラケットを持った手は胸の位置よりやや高めに上げて前に出して構えます。
この基本姿勢は、シェークハンドもペンホルダーも共通です。正しく身につけて、どんなボールにもすばやく動いて対
動画をチェック
30

スマホ・タブレットで動画をチェック!
二次元コードを読み取る

本書掲載の動画を視聴するためには、お手持ちのスマートフォンやタブレット端末のバーコードリーダー機能、または二次元コード読み取りアプリで本書に表示されている二次元コードを読み取って、YouTubeにアップされている動画を見ることができる。

POINT
うまくテクニックを行うためのコツを、写真を使って紹介している。

CHECK POINT!
コツをマスターするためのポイントを紹介している。取り組む際は、常に意識して行おう。

POINT 1 両足を肩幅よりも広げてヒザを少し曲げる

両足は肩幅よりやや広く開き、平行に構える。肩幅よりも開いて構えることで、フォームに安定感が生まれる。ヒザは少し曲げて、前傾姿勢をとる。ヒザを伸ばしたままだと、ボールが来た位置まですばやく動けない。

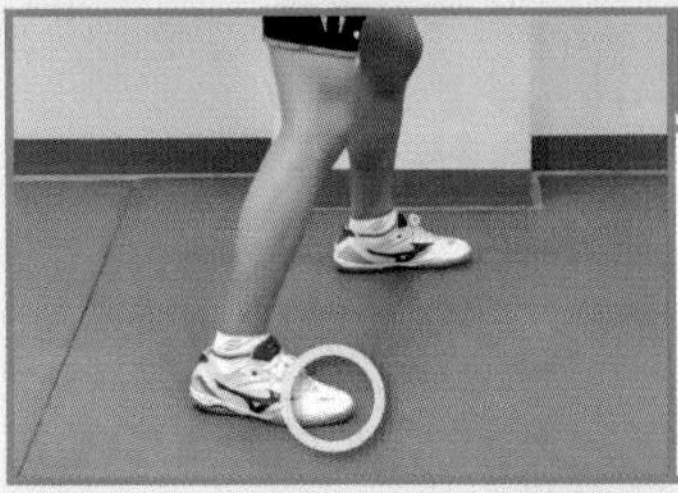

POINT 2 かかとを上げるイメージでつま先に重心をかける

両足は肩幅よりもやや開き、ヒザを軽く曲げ、つま先に重心をかける。かかとを上げるように前重心にすることで、自然に前傾姿勢をとれる。かかとに重心をかけると、上体が反り、すばやくボールをとらえられない。

POINT 3 ワキは軽く締めた状態でラケットを相手に向ける

両ワキは軽く締めた状態をキープする。どの角度からのボールもとらえられるよう、ラケットは相手に向けて前に出す。ラケットを持たないフリーハンドは、ラケットと同じくらいの高さまで上げて構える。

+1《プラスワン》アドバイス 腰を曲げすぎて構えてはいけない

卓球の姿勢では、やや前傾姿勢が基本だが、腰を曲げすぎて猫背になってはいけない。この姿勢では目線が下がり、ボールをすばやくとらえることができない。また、腰の曲げ過ぎると、片方の足が前に出過ぎてしまう。片足は半歩前に出すくらいがちょうどよい。

31

プラスワンアドバイス
気をつけるべきポイントなどをアドバイスしている。

目次

※本書は2018年発行の『DVDでわかる!部活で大活躍!卓球 最強のコツ50 改訂版』の動画の視聴方法及び書名・装丁を変更し新たに発行したものです。

PART 1

強豪校の部活動

強豪校の強さの秘訣を知る

自分で面倒を見れる範囲の人数を指導したい

正智深谷高校卓球部の特徴は、少人数であることです。選手たちは寮生活をしていますが、全寮制にこだわっている訳ではなく、県外の選手が多いので通学が不便な選手が寮に入ります。人数は各学年で3〜4人、3学年で9〜10人が目安です。自分ひとりで面倒を見切れない選手を扱って、三年間良い指導もできずに卒業させるよりは、入ってきた人数全員に良い指導をしたいと考えると、3人くらいがベストです。また、それ以

上集めるのも難しいのです。日々の練習がハードなので、それに耐えきる選手が各学年に4~5人といるかといると、実際はそうはいません。

練習を体験させて本人に判断させる

入部を希望する選手には、まず練習に参加させたうえで、本人に判断させます。練習を終え、「やっていきたいか?」と聞くと「ついていく自信がない」という選手もいます。入部したはいいが、途中でやめたりすることは、お互いにとってあまり良いことではありません。背伸びをさせることなく、本人がどう思っているかを感じ取り、その選手がやっていけるかをこちらでも判断しています。

二年半かけて卓球エリートを追い越す

　卓球の場合、小学校の低学年から育成してトップ選手になるパターンが多いので、エリートクラスの選手たちは、選手育成を目的とした私立中学に進学しています。なので、本校の卓球部には、いわゆるエリート選手はいません。小学校低学年から実績を積んでいる選手は、私立中学を経て、高校へ進学するケースがほとんどですが、本校の選手は、小学校の段階ではエリートではなくて、普通の公立中学校に行って、さらに卓球を頑張りたいという生徒たちです。ほかの私立中学から引き抜くことはできないので、公立中学出身のやる気のある選手たちを2年半かけて育てます。

　もともとジュニアのトップ選手たちとはスタートが違うので、同じことをやっていても追い越すことはできません。それ以上の練習量をこなすことは必須です。そこは無理を承知で、選手たちにも話しています。やるなら、目指すは日本一。県で何位とかベスト8とか目指しても、さらに上があるのに目指さないのは意味がないので、やるからには頂点を目指したいのです。

ケガをしないで続けられることが大切

　高校で日本一になることは、当然の目標ですが、大きな目標としては、ここに入ってきた選手たちが、生涯卓球を好きで、年をとってからも楽しみながら続けていけるものにしたいという思いがあります。勝つことも指導として行っていますが、卒業後も通用するように、ここでは基礎作りをしっかり行いたいと思っています。

　その基礎作りをするうえで大切なの

が、ケガをしないということです。基礎作りの中でケガをしてしまうと、元も子もありません。先を見据えて考えると、ケガなく体力作りができることが何より大切だと思います。

トレーニングメニューは大会から逆算して作成する

トレーニングメニューは試合の時期を考えて作成しています。インターハイ、全日本選手権クラスの大きな大会などから逆算して、「今の時期にはこのトレーニングが適している」というようにメニューを考えています。練習メニューについては、大きな大会が終わった後、次の大会までにどの技術をどこまでレベルアップすればいいのかという反省をしたうえで、メニュー作りをしています。まずチーム全体の課題に取り組んだ後、個別に課題を与えています。

日々の練習でビデオを活用する

最近は機器の普及で、一人一台はビデオを持っています。ただ、試合時にビデオを活用することは他校でもやっていますが、練習ではあまり使っていないと思います。試合時の活用は対戦相手を分析することが目的ですが、普段の練習での活用の方が意味が大きいと思います。

例えば、言葉で修正点を説明しても、生徒自身がどう悪いフォームになっているのかが分からないでしょう。しかし、ビデオを見せることで自分の姿を客観的に見ることができます。練習でのビデオ活用が大きなウェイトを占めています。

練習ノートは将来の自分への財産

練習のうえで欠かせないのが練習ノートです。これは、第一に文章能力をつけることが目的です。高校を卒業し、それぞれ進学、就職する選手がいますが、受験のとき、小論文を書く機会があります。そのとき、誤字脱字なくきちんとした文章を書けるようになっていて欲しいためです。

第二に、書くことで一日を振り返れます。高校までは練習メニューが与えられ、悪い点は指導してもらえますが、大学生や社会人になると、練習メニューは自分で決めなければいけません。そのとき、練習ノートを見て「調子が悪いときは、こうするとよい」などの確認ができます。練習ノートは将来の自分にとっての財産になります。

与えられた練習に対して受身にならないことが大切

この練習ノートの書き方で、強くなるか、ならないかということも分かります。こちらが指導したことをそのまま書き写すのはあまりよくありません。言われたことを自分で考え、自分の言葉で変換して書ける選手は、伸びしろがあると思います。言われたことしかできない選手は、私の指導から離れたあとも「伸びてくれるだろうか」と考えると、あまり期待できないですね。

競争から漏れた原因を分からせる指導をする

強い選手だからといって、特別メニューがある訳ではなく、みんな同じように指導しています。同じようにスタートして、その中でチャンスをものにできるかが重要です。

同じようにチャンスを与える中でチャンスをものにできなかったら、それは自分自身に問題があると話しています。そこで私から頑張るように声をかけたりはしません。競争から漏れてしまったらその原因を分からせ、「また競争に加わるにはどうしたらいいか?」という解決法を考えさせています。

当たり前のことを当たり前にできる人に

そして最も重要なのが、当たり前のことを当たり前にできるような人になってほしいということです。卓球を上達すること以上に、人として成長することが大切です。以前は、当然のようにできたことでしたが、これができない選手がすごく多いのが現状です。

例えば挨拶や、食事の仕方です。以前であれば、付き合いのある人と顔を合わせたら挨拶するのが常識でしたが、今の選手たちは挨拶すらできない人もいます。ご飯を食べるときも好き嫌いが多く、好きなものしか食べない選手もいます。箸や茶碗のも持ち方もめちゃくちゃです。そういう基本的なことを、徹底的に指導しています。

難しいことをやらせている意識はないので、選手たちに理解させて日々の生活で実践してほしいと思っています。

コツ01

限られた時間を有効に使う

CHECK POINT!
1 練習ノートは困ったときのヒントになる
2 ウォーミングアップを入念に行う

朝は6時から夜は22時まで日々徹底した練習を行う

正智深谷高校卓球部では、朝練は6時から一時間、サーブやレシーブなどの体力の消耗が少ない練習を行います。授業終了後は、ケガ防止のため入念なウォーミングアップから練習をスタートします。

ウォーミングアップ後は、レベルの近いもの同士でゲーム練習を行います。ゲーム練習は本来、一日のメニューの最後に行うものでしたが、試合当日の状況やコンディションに近づけるには、最初に行うのがベターです。

卓球の技術が伸びるのは高校3年生まで。限られた時間で最大限に力を伸ばすため、無駄な時間は一切省き、日々厳しい練習に取り組んでいます。

動画をチェック

普段の練習メニュー

6：00	朝練（サーブ、レシーブなど）
7：00	登校準備
15：30	授業終了
16：30	ウォーミングアップ
17：30	ゲーム練習（組み合わせは同レベル同士。10分間行う）
18：30	フットワーク練習（ラケットを持ち、動きを基本とする練習）
19：30	課題練習（弱点をなくすための練習） 課題練習を確認するためのゲーム練習 トレーニング
22：00	練習終了

POINT 2 ウォーミングアップを入念に行う

体の基礎作りをする時期にケガをしてしまっては元も子もない。ウォーミングアップのストレッチを一時間かけて入念に行い、ケガを防止する。

POINT 1 練習ノートは困ったときのヒントになる

一日を振り返るために練習後には、練習ノートに反省を記録する。練習ノートを書くことで、困ったときのヒントとなる。毎日欠かさず書くことが大切。

強豪校の年間スケジュール

コツ02

オフなく卓球に励む

CHECK POINT!

1 音楽を流して気分転換をする

2 必要な栄養素を理解して摂取する

主要大会に合わせた調整を年間休む間もなく行う

卓球の大会は年間を通じて数多く開催されていますが、それら全ての大会に出場していては、コンディションを調整する期間がなくなってしまいます。正智深谷高校卓球部では、年3～4つの大きな大会に絞って調整を行っています。

4月からの二ヶ月間は、フィジカルトレーニングと走り込みで体力強化を行い8月のインターハイにピークを合わせます。インターハイを直前に控えた7月には、試合と同様の時間帯でゲーム練習を行う実践練習に取り組みます。

11月からは走り込みでフィジカルを鍛え抜きます。もし、この時期にコンディションが落ちるようなことがあっても、1月の大会までには万全の状態に戻すことができます。

動画をチェック

年間スケジュール

4～6月	フィジカルトレーニング＆走り込み （走り込みは20km。朝5時からスタート）
7月	インターハイに向けた実践練習
8月	全国高等学校総合体育大会（インターハイ）
9月	各種大会の予選
11月～12月	走り込み中心のトレーニング
1月中旬	全日本卓球選手権大会
2月	コンディション調整期間
3月下旬	全国高等学校選抜卓球大会

POINT 2 必要な栄養素を理解して摂取する

選手たちに食事の重要性を学ばせるため、年4回、栄養士を招いて栄養指導が行われる。選手たちはバランスの摂り方や、自分には何が必要なのかを理解したうえで食事をしている。

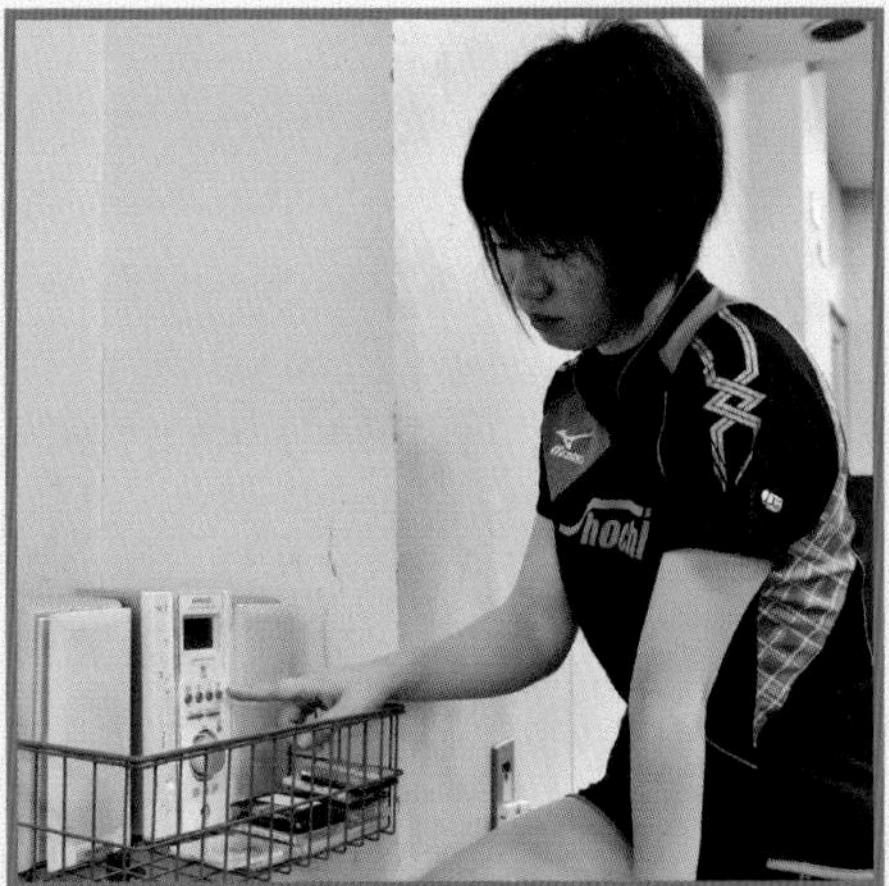

POINT 1 音楽を流して気分転換をする

練習の合間や休憩時間中には、自分たちの好きな音楽をかけている。毎日の練習は厳しいものだが、BGMを流すことで仲間同士の会話も弾み、気分転換になっている。

コラム

卓球台の規定を知る

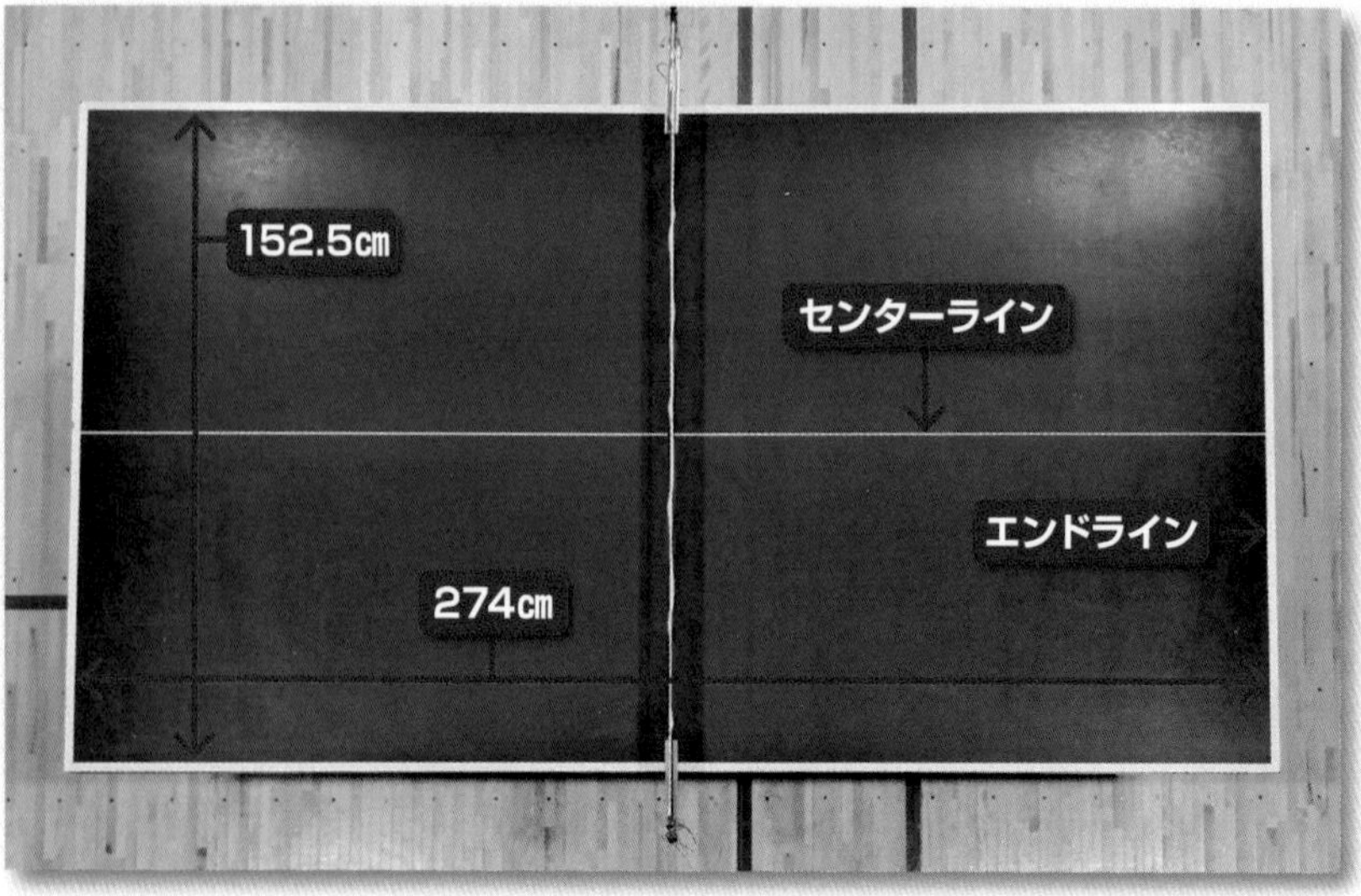

卓球は、卓球台の上で選手が交互にボールを打ち合い、点数を取り合う競技です。自分側のコートに打ち込まれたボールを、ワンバウンドで返球する決まりがあります。

卓球台は、テーブル上の表面は光沢のない濃い色という規定があり、台を縦半分に分けるセンターラインが引かれています。卓球台の公式サイズは高さは床から 76㎝、幅は 152.5㎝、長さは 274㎝です。ネットの高さは台から 15.25㎝と決められています。ネットは台の両端に取り付けられているサポートで固定されています。

ダブルスのサービスでは、センターラインより右半面のサーバー側のコートから、クロスのコートに出します。

PART 2

新入生のラケット選び

コツ03 必要な道具を準備する①
ラケットの特徴を知る

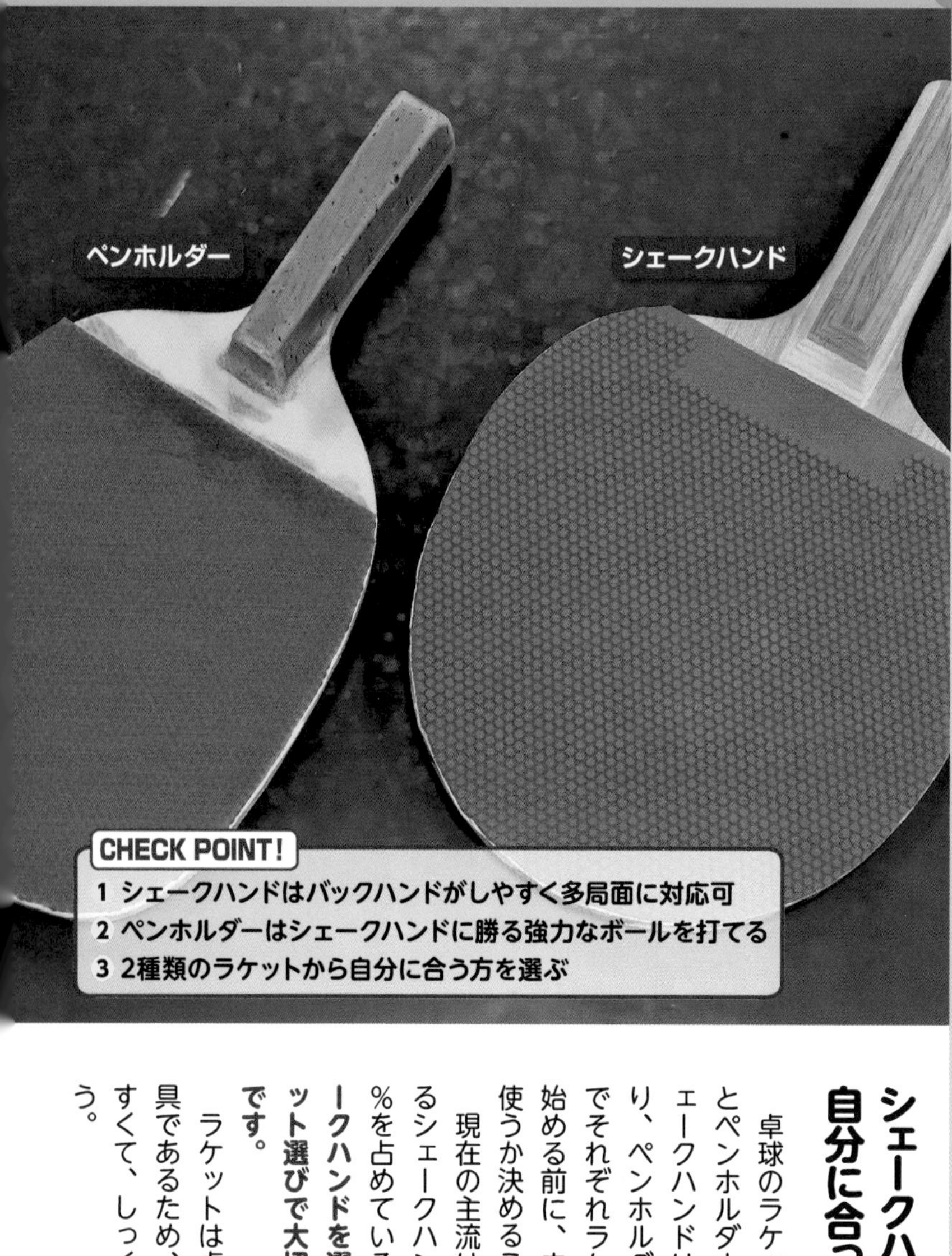

CHECK POINT!

1. シェークハンドはバックハンドがしやすく多局面に対応可
2. ペンホルダーはシェークハンドに勝る強力なボールを打てる
3. 2種類のラケットから自分に合う方を選ぶ

シェークハンドが主流だが自分に合ったラケットを選ぶ

卓球のラケットには、シェークハンドとペンホルダーの2種類があります。シェークハンドは握手をするような形で握り、ペンホルダーはペンを握るような形でそれぞれラケットを握ります。卓球を始める前に、まずはどちらのラケットを使うか決めることから始めます。

現在の主流はラバーが両面に貼ってあるシェークハンドで、卓球人口の90〜95%を占めているといわれています。**シェークハンドを選ぶ人が多いですが、ラケット選びで大切なことは、フィーリングです。**

ラケットは卓球において最も重要な道具であるため、握ったときに一番持ちやすくて、しっくりくるものを選びましょう。

動画をチェック

POINT 1 バックハンドがしやすくあらゆる局面に対応できる

現在主流のラケットとなっているシェークハンドは、ラケットの両面にラバーを貼るため両面を使ってボールを打つことができる。また、バックハンドがしやすく、スピードとあらゆる局面にすばやく対応できるメリットもある。

POINT 2 シェークハンドに勝る強力なボールを打てる

ペンホルダーは、片面にラバーを貼っているため片面だけでの打球となる。難しい技術が必要だが、シェークハンドには出せない強力なボールを打つことができるうえに、台上での細かいプレーにも適している。

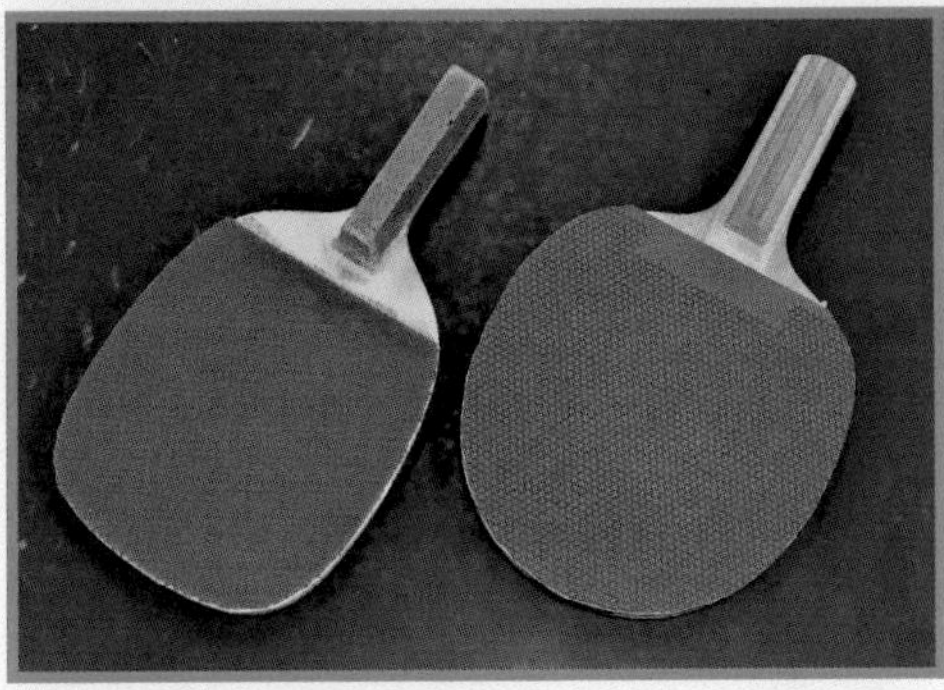

POINT 3 2種類のラケットから自分に合う方を選ぶ

現在はシェークハンドの選手が多いが、大切なのは握ってみたときに自分の手にしっくりくることである。どちらのラケットが試合で有利ということはないので、最初に握ったときのフィーリングを大事にしよう。

+1《プラスワン》アドバイス しっくりくるグリップを選ぶ

シェークハンドのグリップには、主にグリップの太さが均一な「ストレート」、根元から裾にかけて曲線的な「フレア」、フィット感を向上させた「アナトミック」、裾が少し広がった「コニック」の4つがある。実際に握って、一番しっくりくるグリップを選ぼう。

コツ04

必要な道具を準備する②

ラバーの種類を知る

CHECK POINT!

1 裏ソフトラバーは回転がかけやすくスピードも出やすい
2 表ソフトラバーは回転はかけづらいが球離れがよくスピードも出る
3 ツブ高ラバーは相手の回転を利用して変化球を生み出す

自分のプレースタイルに合ったラバーを選ぼう

ラバーとはラケットの板の部分に貼る、ゴム製のシートとスポンジを重ねて作られたものです。シートとスポンジには数百種類あり、その数だけボールに与える効果にも違いがあります。そのなかでラバーは、裏ソフトラバー、表ソフトラバー、ツブ高ラバーと大きく3種類に分類されます。

それぞれのラバーに特徴がありますが、裏ソフトラバーは表面にツブがなく平らであることから、回転がかけやすいというメリットがあります。そのため、**現在はシェークハンドに、裏ソフトラバーを選ぶことが主流ですが、自分のプレースタイルに合ったラバーを選ぶことが最も重要です。**

動画をチェック

POINT 1 回転がかけやすく スピードも出やすい

　裏ソフトラバーは表面にツブがなく平らであることから、ボールとの接触面積が多くなり回転がかけやすい。ドライブ型やカット型の選手をはじめ、多くの選手が使用している。相手の回転の影響を受けやすいのが難点。

POINT 2 回転はかけづらいが 球離れがよくスピードも出る

　表ソフトラバーは表面にツブがついているため、回転がかけづらい。しかし、球離れがよくスピードも出ることから、速攻型の選手が多く使用する。相手がかけた回転の影響を受けにくいメリットもある。

POINT 3 相手の回転を利用して 変化球を生み出す

　ツブ高ラバーは表ソフトラバーよりも長いツブが表面にある。ボールが弾みにくくコントロールが難しいが、相手の回転をそのまま逆回転に変えて返球できる。初心者向きではないが、あらゆる変化球を生み出せる。

+1《プラスワン》アドバイス ラバーはこまめに貼り替えよう

ラバーはボールの回転と反発に特化しているため、その分耐久性が低い。クリーナーで手入れをしていても劣化してしまうものなので、その場合は貼り替える。古いラバーをはがし、新しいラバーを空気が入らないように手前からゆっくりと接着剤で貼りつける。

ラケットの握り方①

コツ05

シェークハンドの握り方

CHECK POINT!

1 ラケット面を外に向けない
2 面の付け根辺りを握り人差し指全体を添える
3 ラケット面を人差し指と親指で挟むように握る

握手をするように握り手首の柔軟性をキープ

シェークハンドでは、フォアハンドとバックハンドを素早く切り替えられます。**ラケットを握手をするように握り、人差し指全体と親指でラケットの面を挟むように持ちます。**あまり力を入れてグリップを握ると、手首の柔軟性が失われてしまうので、ラケットに角度をつけられるように適度に力を抜きます。また、ラケットの面が内側や外側を向いていると、スムーズな切り替えができません。できるだけ腕のラインと平行になるように心がけましょう。

シェークハンドでバックハンドを打つときは、ラケットがぐらついたり振り切った勢いで落としてしまわないよう、やや力を入れて握りましょう。

動画をチェック

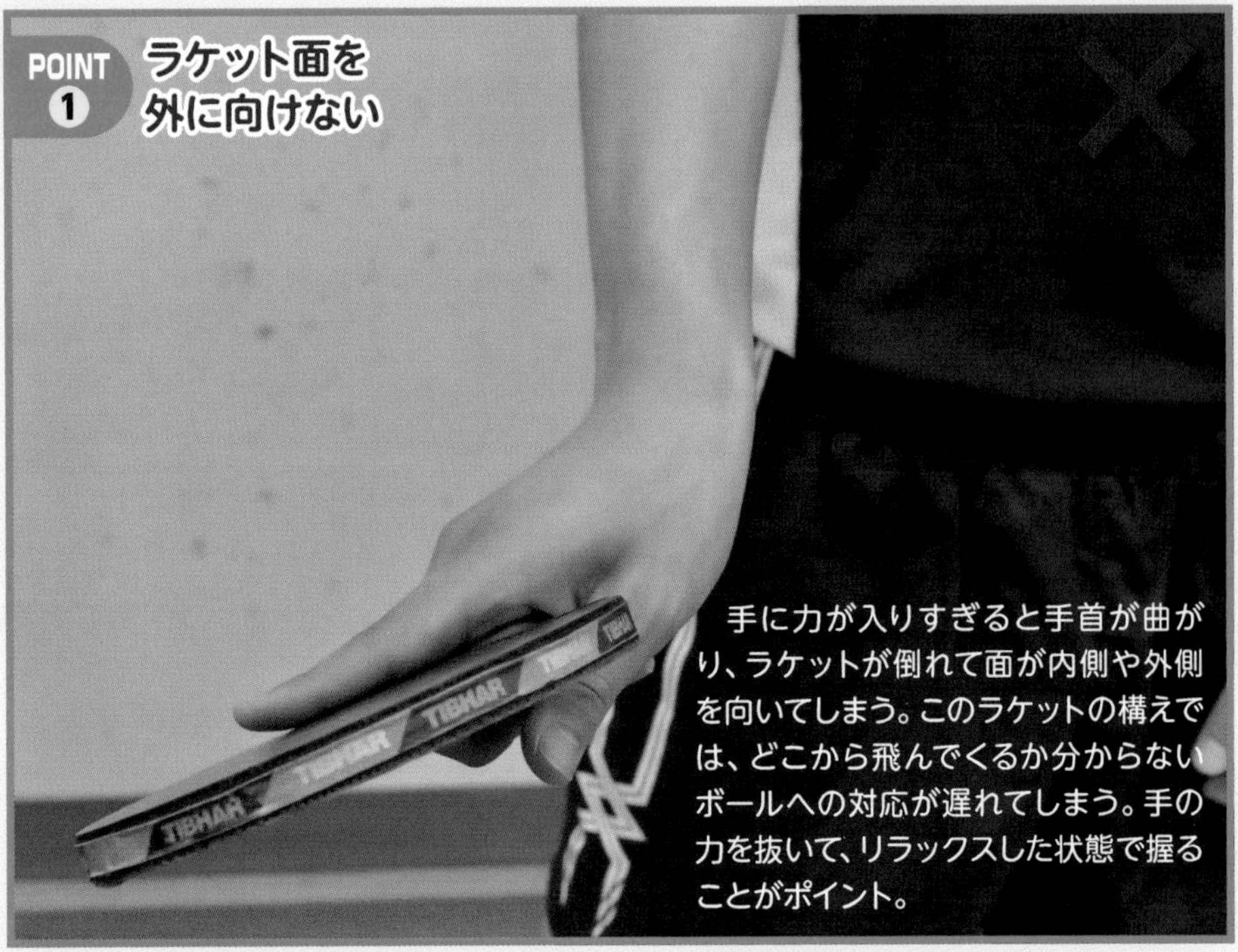

POINT 1 ラケット面を外に向けない

手に力が入りすぎると手首が曲がり、ラケットが倒れて面が内側や外側を向いてしまう。このラケットの構えでは、どこから飛んでくるか分からないボールへの対応が遅れてしまう。手の力を抜いて、リラックスした状態で握ることがポイント。

POINT 2 面の付け根辺りを握り人差し指全体を添える

ラケット面の付け根辺りを軽く握り、人差し指は全体を面に添えるように支えることがポイント。面の付け根から離れた部分を握ると、人差し指で面を支えることができなくなってしまうので、注意する。

POINT 3 ラケット面を人差し指と親指で挟むように握る

グリップは力んで握ると、プレー中にしなやかな動きを発揮できない。特に人差し指と親指には力を入れすぎないこと。人差し指と親指で面を挟むイメージで、グリップをくるくると回せるくらい余裕を持って握る。

コツ06

ラケットの握り方②

ペンホルダーの握り方

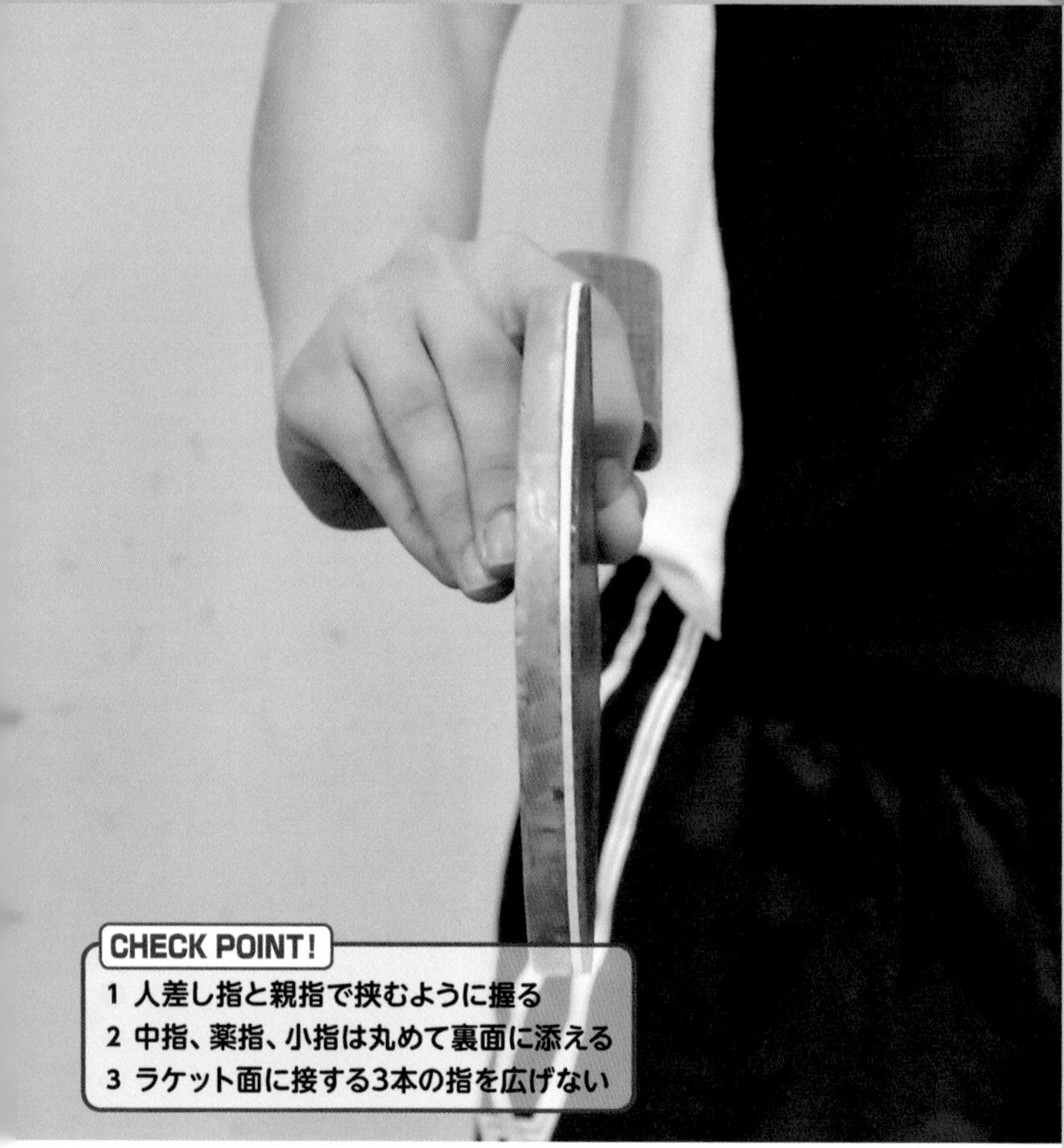

CHECK POINT!

1 人差し指と親指で挟むように握る
2 中指、薬指、小指は丸めて裏面に添える
3 ラケット面に接する3本の指を広げない

えんぴつを持つように ゆとりを持って握る

ペンホルダーは、フォアハンドでの攻撃力に長け、シェークハンドでは出せない爆発力のあるボールを出したり、台上での細かなプレーに適しています。

横からえんぴつを持つようなイメージで、ゆとりが出る程度に軽く握ります。このとき、親指を内側に深く入れすぎると、手首の操作性が損なわれてしまいます。親指はラケットに浅く乗せるだけにしましょう。裏面に接する中指、薬指、小指の3本は、伸ばさずにやや丸めて面に添えて固定します。

シェークハンドにも共通することですが、基本的にインパクトの瞬間だけラケットを握る力を強めるよう意識しましょう。

動画をチェック

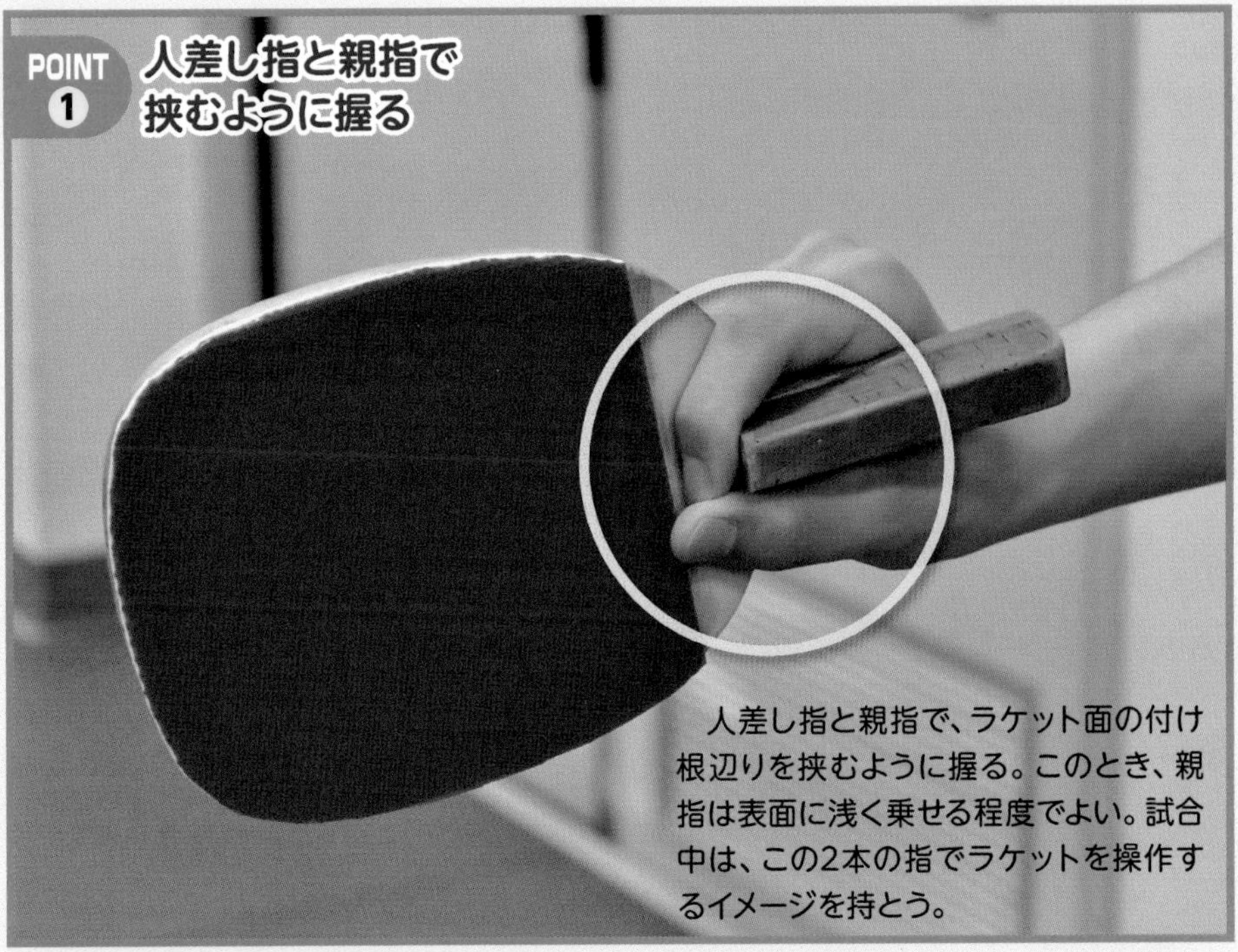

POINT 1 人差し指と親指で挟むように握る

人差し指と親指で、ラケット面の付け根辺りを挟むように握る。このとき、親指は表面に浅く乗せる程度でよい。試合中は、この2本の指でラケットを操作するイメージを持とう。

POINT 3 ラケット面に接する3本の指を広げない

握ったときにバランスをとろうとして、中指、薬指、小指の3本を広げてラケット面を支えてしまいがちになる。これでは、フォアハンドからバックハンドへの切り返しがスムーズにできなくなってしまう。3本指は揃えてコンパクトに添えよう。

POINT 2 中指、薬指、小指は丸めて裏面に添える

ラケット面に接する、中指、薬指、小指の3本はやや丸めて面に添える。指と指の間が開いたり、伸ばしたりすると固定する力が弱まるので注意する。手のひらとラケットの面の間が、ボール一つ分空くように握る。

コツ07

正しいフォームで構える

基本姿勢を身につける

CHECK POINT!

1 両足を肩幅よりも広げてヒザを少し曲げる
2 かかとを上げてつま先に重心をかける
3 ワキは軽く締めた状態でラケットを相手に向ける

すばやく動けるように前傾姿勢をとる

相手の攻撃に対して正しいフォームで構えることは重要なポイントです。ここでは、その基本姿勢を体のパーツごとに紹介します。

まず、両足は肩幅よりもやや広く平行に開き、両ヒザを少し曲げてつま先に重心をかけます。次に上半身は肩と平行を保ち、前傾姿勢をとります。両ワキは適度に締めます。締めすぎるとラケットの振りが遅くなるため、ゆとりを持たせます。ラケットを持った手は胸の位置よりやや高めに上げて前に出して構えます。

この基本姿勢は、シェークハンドもペンホルダーも共通です。正しく身につけて、どんなボールにもすばやく動いて対応できるようになりましょう。

動画をチェック

POINT 1 両足を肩幅よりも広げてヒザを少し曲げる

両足は肩幅よりやや広く開き、平行に構える。肩幅よりも開いて構えることで、フォームに安定感が生まれる。ヒザは少し曲げて、前傾姿勢をとる。ヒザを伸ばしたままだと、ボールが来た位置まですばやく動けない。

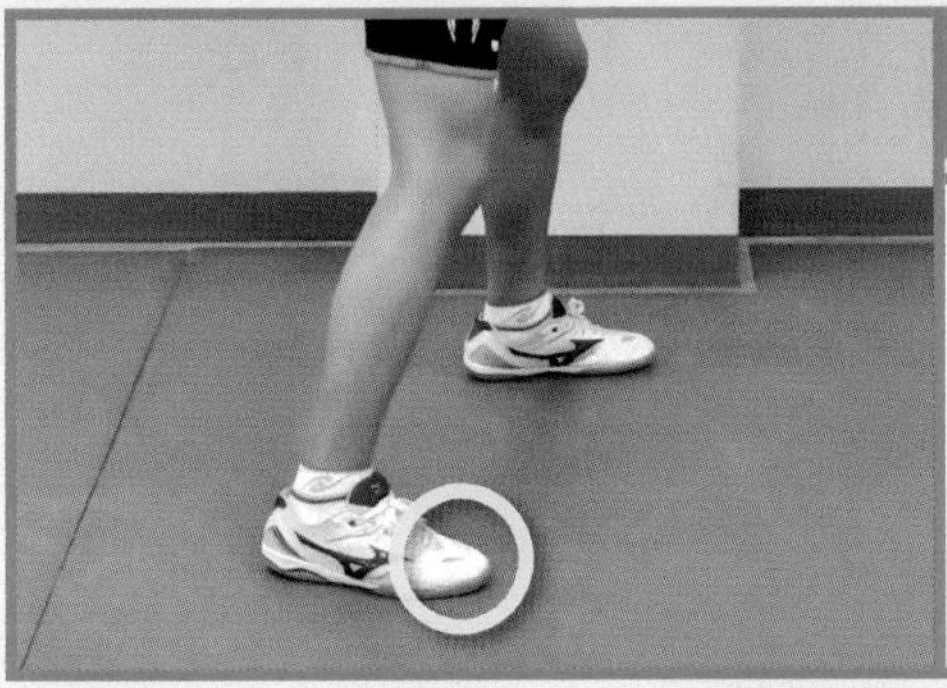

POINT 2 かかとを上げるイメージでつま先に重心をかける

両足は肩幅よりもやや開き、ヒザを軽く曲げ、つま先に重心をかける。かかとを上げるように前重心にすることで、自然に前傾姿勢をとれる。かかとに重心をかけると、上体が反り、すばやくボールをとらえられない。

POINT 3 ワキは軽く締めた状態でラケットを相手に向ける

両ワキは軽く締めた状態をキープする。どの角度からのボールもとらえられるよう、ラケットは相手に向けて前に出す。ラケットを持たないフリーハンドは、ラケットと同じくらいの高さまで上げて構える。

+1《プラスワン》アドバイス 腰を曲げすぎて構えてはいけない

卓球の姿勢では、やや前傾姿勢が基本だが、腰を曲げすぎて猫背になってはいけない。この姿勢では目線が下がり、ボールをすばやくとらえることができない。また、腰の曲げ過ぎると、片方の足が前に出過ぎてしまう。片足は半歩前に出すくらいがちょうどよい。

コツ08

3歩動のステップをマスターする

基本のフットワークを覚える

CHECK POINT!

1 半歩足を出して後のスムーズな動きにつなげる
2 軸足に重心をかけ床を蹴って移動する
3 前後のフットワークも最初の半歩が重要

無駄のない動きで スタミナ切れを防ぐ

基本姿勢から、回転軸を体の中心になるよう意識して、腰を回してスイングします。スイングの後、3歩動のサイドステップという、いわゆる基本のフットワークに移ります。

この無駄を省いた3歩動は、試合中のフットワークによるスタミナ切れを防ぐことができます。また、効率のよい下半身の動きに連動して、上半身の動きをバランスよく使えるというメリットもあります。

サイドステップ以外にも、前後のフットワークがあります。これは相手からの前後の動きに対応するフットワークです。プレーの幅を広げるためにも、正しいフットワークを覚えましょう。

動画をチェック

POINT 1 半歩足を出して後のスムーズな動きにつなげる

左から右へ動くサイドステップは、まず右足を半歩右へ出す。この半歩が、後のスムーズな動きのきっかけになり、フットワークにおける重要なポイントとなる。このとき、着地した右足全体に重心をかける。

POINT 2 軸足に重心をかけ床を蹴って移動する

重心をかけた右足を軸にして、最初に左足、次に右足の順に床を蹴って右方向へ移動する。移動するときは、左右の足はクロスするよう注意する。また、上半身はできるだけ傾けないようにある程度固定する。

POINT 3 前後のフットワークも最初の半歩が重要

前後のフットワークのポイントは、基本的にサイドステップと同じ。後ろから前に動きたいときは、移動したい方向に近い足（左足）を半歩前に出す。出した足（左足）を軸にして、右足から先に床を蹴って前方へ移動する。

+1《プラスワン》アドバイス 屈伸の力でスムーズに動く

前後左右へスムーズなフットワークで動くには、ヒザの屈伸が重要になる。ヒザが固く伸びたままでは、移動したい場所まですばやく動くことができない。ヒザを柔らかくして、屈伸の力を利用しながら動くと無駄のないフットワークになる。

コツ09 自分に合ったプレースタイルを選ぶ
4つの基本戦型を知る

CHECK POINT!

1. ドライブ主戦型は両ハンドでドライブをかける
2. カット主戦型は高い守備力でカットの返球をする
3. 前陣速攻型はボールの回転よりすばやい返球を重視
4. 前陣攻守型はレシーブ力を上げて相手のミスを誘う

自分の戦型を決め それを武器に戦う

卓球の戦型には主に、ドライブ主戦型、カット主戦型、前陣速攻型、前陣攻守型という4つのスタイルがあります。

ドライブ主戦型は、ドライブ攻撃を武器にどんなボールにも前進回転をかける技術を要します。カット主戦型は、カットを用いた守備を軸に、攻めの瞬間を狙います。前陣速攻型は、前陣で構えてボールの回転よりもスピード重視で、相手に早い返球をすることが求められます。前陣攻守型も前陣で構え、あらゆる攻撃にも対応できる守備力を身につけることが重要です。

4つすべての技術を備えることが理想ですが、自分の戦型を決めそれを武器とする方がプレーをしやすくなります。

動画をチェック

POINT ① 両ハンドでドライブをかけられることが重要

　ドライブ主戦型は、両ハンドでのドライブを用いてボールに強力な前進回転をかけて攻撃する。攻撃範囲が広いため前後左右のフットワークを習得することがポイント。ドライブの回転量を多く打てるようになろう。

POINT ② 高い守備力をつけ変化のあるカットで返球

　カット主戦型は、相手の攻撃に耐えきる守備力と持久力が必要。後陣で構えるため、前後のフットワークを重視する。攻撃のチャンスが来たらすばやく前陣に移動する。ボールの回転量を変えて返球することがポイント。

POINT ③ ボールの回転よりすばやい返球を重視

　前陣速攻型は、回転をかけるよりもいかに早い返球ができるかが重要。台から離れずに攻めるため、すばやいサイドステップも必須。

早いタイミングで、畳み掛けるようにミート打ちができるようになろう。

POINT ④ レシーブ力を上げて相手のミスを誘う

　前陣攻守型は、基本的に攻撃から身を守りながら相手のミスを誘うスタイル。守備力を上げることに集中する。台の近くで強いボールを返球することが多いのが特徴。前陣速攻型に比べると守りの比重が多い。

コラム

前陣・中陣・後陣について

卓球の用語の中にある、前陣、中陣、後陣とは、主にプレーをする位置を指しています。前陣は、卓球台から最も近く、左右へ大きく動かなくてよいのですが、相手との距離が近い分、返球までの時間が極めて短くなります。瞬発力をつけておくとよいでしょう。

中陣は、前陣と後陣の中間に位置します。ある程度、自分の体勢を整えてから返球できますが、相手にも余裕を与えてしまうため、攻撃力をアップする必要があります。

後陣は、卓球台から最も離れているため、守備範囲が広くなります。ほかのポジションよりも体力を要するため、持久力をつけておくとよいでしょう。

基本的に、ドライブ主戦型は前陣・中陣、前陣速攻型と前陣攻守型は前陣、カット主戦型は中陣、後陣で構えますが、試合の流れに合わせて、対応しやすいポジションで構えることが重要です。

PART 3

ライバルに勝つ ショットを身につける

コツ 10

フォアハンドロングを打つ

フォアハンドの正しいフォームを身につける

CHECK POINT!

1 利き腕側の足に重心をかける
2 インパクトは頂点を少し過ぎた瞬間を見定める
3 スイングは重心を前に押し出しコンパクトに振る

小さくバックスイングをとりすばやいインパクトにつなぐ

利き腕側のボールを打つことをフォアハンドと呼びます。フォアハンドの中でも最も基本的な打法です。**より攻撃力の高いボールを打つためには、基礎となるフォアハンドロングの正しいフォームを身につけることがポイントになります。**

基本姿勢から、利き腕側の足に重心を置き、勢いをつけるためのバックスイングを小さめにとります。バックスイングは、体全体を使うと安定感が生まれ、正確なコースへ打ち返せます。相手のボールが来た瞬間に、すばやくラケットを振りインパクトします。インパクト後のフォロースルーは余力に任せ、次に来るボールに備えて基本姿勢に戻ります。

動画をチェック

POINT 1 利き腕側の足に重心をかける

バックスイングのときは、利き腕と反対の足を半歩出して、ヒザを少し曲げる。利き腕側の足に重心をかけながら、腕を使って、小さめのバックスイングをとる。バックスイングは腕だけでなく、体全体を使って行うと安定感が出る。

POINT 2 頂点を少し過ぎた瞬間を見定めて打つ

インパクトのタイミングは、ラケットの頂点を少し過ぎた瞬間を狙い、曲げていたヒザを少し伸ばす。台の近くにいる場合は、頂点前で打つ。フォロースルー後はすぐに基本姿勢に戻り、次にくるボールに備える。

POINT 3 重心を前に移動しコンパクトにスイング

スイングは、後ろ足にためた重心を前の足に移動しながらコンパクトにすばやくラケットを振る。ヒジの角度は約90度を保ち、力を入れすぎないこと。相手のボールの力を利用してインパクトすると力まずに打てる。

+1《プラスワン》 アドバイス ヒジを伸ばしてインパクトしない

フォアハンドのロングは、相手コートの同じ場所に何本も入れられる正確性が必要。そのためには、ヒジの角度が重要になる。ヒジを伸ばしたままのスイングではコントロールが効かないので、インパクトの瞬間は、90度くらいに曲げることを意識しよう。

コツ11

バックハンドロングを打つ

お腹を引っ込めてバックスイングする

CHECK POINT!

1 体の中心に重心をかけ重心移動はしない
2 手首を固定してラケット面を相手に向けてバックスイング
3 ヒジを前に押し出し体の正面でインパクトする

体の正面でバックスイングし押し出すようにインパクト

フォアハンドに対し、利き腕と反対側のボールを打つことをバックハンドと呼びます。バックハンドは、ラケットの両面を使えるシェークハンドの方が簡単といえます。**バックハンドロングは、あらゆるバック系攻撃の基本となる打法となるため、しっかりポイントを抑えておきましょう。**

構えはまず、両足を肩幅よりも広く、平行に開きます。バックスイングは、お腹を引っ込めるように体の正面でとります。ヒジを前に出して、ラケットを押し出すように力強くインパクトします。フォロースルーは手首が反りかえるくらいのイメージで力を抜き、次のボールに備えて基本姿勢に戻りましょう。

動画をチェック

POINT 1 体の中心に重心をかけ重心移動はしない

両足を肩幅よりも広く平行に開き、ヒザを曲げる。平行に開くのが基本だが、自分が打ちやすいよう利き腕の方の足を少し下げてもよい。重心を体の中心にかけるイメージで、インパクト時もあまり重心移動はしない。

POINT 2 手首を固定してラケット面を相手に向ける

ラケットはへその前で持ち、お腹を引っ込めるようにしてバックスイングをとる。このとき、ラケットの面が倒れてしまわないよう手首を固定するよう意識する。また、正面で打ちづらくなるためワキは締めすぎない。

POINT 3 ヒジを前に押し出し体の正面で打つ

台上でバウンドしたボールが頂点に達する少し前の瞬間を狙ってインパクトする。ヒジを前に押し出し、手首を曲げないよう体の正面でとらえて打つ。インパクトのタイミングに合わせて、曲げていたヒザを伸ばす。

+1《プラスワン》 アドバイス 同じ場所にボールを落とす

バックハンドロングも、フォアハンドと同様に、相手コートの同じ場所にボールを入れ続ける正確性が必要。ただし、バックハンドはラケットの振りが小さくなるため、特にタイミングとリズムが重要になる。ボールをよく見て、よく音を聞くことがポイント。

コツ12 フォアハンドドライブを打つ

ボールを下からこすり上げる

CHECK POINT!

1. バックスイングは上半身を深く沈めてとる
2. スイングは腰を正面に戻しながら下から上に向かって振る
3. ボールをこすり上げて体全体で振り切る

ボールに前進回転をかけ弧を描くように飛ばす

ドライブはボールに前進回転をかける打法です。フォアハンドでのドライブは、あらゆるドライブ打法の基本となります。ほかのドライブ技術に応用できるよう、ここでしっかりマスターしましょう。

ドライブのポイントは、前進回転のかけ方です。インパクトの瞬間に、ラケットをややボールにかぶせるようにして、ボールを下からこすり上げるように打ちます。

前進回転のかかったボールは、直線的に進むのではなく、やや弧を描くように飛ぶのが特徴です。そのため、ドライブでないボールよりオーバーミスが少なくなります。その安定した攻撃力から、使用頻度の高い打法でもあります。

動画をチェック

POINT ① 上半身を深く沈めバックスイングをとる

バックスイングのときは、腰を少し利き腕側に回しながら、腰が台の下に隠れる程度まで深く上半身を沈めることがポイント。利き腕側の足に重心をかけることで、スイングにつながるタメを十分に作ることができる。

POINT ② 腰を正面に戻しながら下から上に向かって振る

利き腕側に回した腰を正面に戻しながら、下から上に向かってスイングする。スイング時に重心は利き腕側の足から、体の中心へと移動させる。上半身の動きに合わせて、曲げていたヒザも少し伸ばす。

POINT ③ ボールをこすり上げて体全体で振り切る

ドライブはインパクトのときに前進回転をかけることが重要。ラケットはボールに対して少しかぶせて、下からこすり上げるように打つ。腕や手首だけの力ではなく、体全体を使って力強く振ると球威が増す。

+1《プラスワン》アドバイス インパクト時に渾身の力を込める

フォアハンドのドライブは、ロングよりもしっかりとボールに前進回転をかけて返球する打法。強い回転をかけるには、スイングを早くすることと、インパクトの瞬間にラケットを握る手に力を込めることがポイント。それ以外はリラックスした状態で行う。

コツ13

バックハンドドライブを打つ

バックハンドで決定打の準備球をマスターする

CHECK POINT!

1 ラケットを後ろに引くようにバックスイングをとる
2 小さなスイングと手首のスナップで回転をかける
3 インパクトはボールの頂点前を狙ってスピードをつける

決定打の前の準備球を身につける

バックハンドでドライブを打てるようになると、**決定打を狙える確率が高くなります。準備球の打法を身につけることは、試合の戦術を考えるうえで非常に重要なことです。**

バックハンドで威力のあるボールを打つのは簡単ではありません。実際にバックハンドを苦手とする選手は多くいますが、マスターすればほかの選手に勝る強みになるといえます。

基本動作はフォアハンドとあまり変わりませんが、体の正面でボールをとらえる点が異なります。範囲が限られている中で、いかにバックスイングで力をためられるかがポイントです。

動画をチェック

POINT ① ラケットを後ろに引くようにバックスイングをとる

両足は平行または、利き腕と反対の足を半歩出して構える。バックスイングは、体の正面でラケットを構え、ヒジから下を使いラケットを後ろに引くようコンパクトにとる。肩をねじって、ラケット面はやや下向きにしておく。

POINT ② 小さなスイングと手首のスナップで回転をかける

バックハンドでは、大きくスイングをすることが難しいため、スイングの遠心力と手首のスナップを利かせて回転をかける。インパクトも体の正面で行い、ボールの少し上をこするように打って前進回転をかける。

POINT ③ ボールの頂点前を狙ってスピードをつける

インパクトの瞬間は前に出した足に重心を乗せ、ボールがバウンドした頂点前を狙うとスピードがつく。頂点を過ぎたところを狙うと、スピードは落ちるがミスは減り、回転量が増える。フォロースルーは余力程度でよい。

+1《プラスワン》 アドバイス ラケットを下から斜めに振り切る

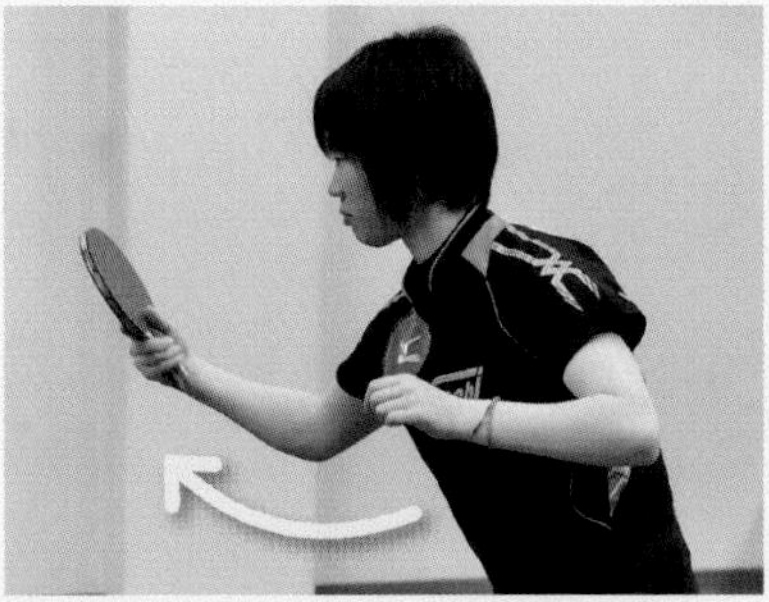

バックハンドドライブでは、バックスイングをとる範囲が限られている中で、ボールに強い前進回転をかけなければいけない。ポイントは、ロングを打つときよりもラケットを低い位置に下げて、斜め上に勢いよくスイングすること。ラケットを下から振り抜く意識で振る。

コツ14

バックハンドのツッツキを打つ

ボールをこすって下回転をかける

CHECK POINT!

1 ボールが来た位置までしっかりと踏み込む
2 ラケット面はやや上に向けボールの底をこすってインパクト
3 バックスイングは体の正面で小さくとる

下回転をかけたレシーブの基本打法

バックハンドのツッツキは、安全性が高くタイミングが計りやすいため、多用する機会が多い打法といえます。また、**下回転がかかったボールを下回転で返球する基本的な打法です。**

まず、構えている位置からボールが飛んできた位置まで、足を踏み込みます。足が台の下に入るくらいの意識を持ちましょう。バックスイングはコントロールを重視するため、小さめにとることがポイントです。

ラケットのバック面をやや上に向けて、ボールの底をこすって下回転をかけて打ち返します。体全体を使って、相手コートに押し込むようなイメージで打ち込みましょう。

動画をチェック

POINT ① ボールが来た位置までしっかりと踏み込む

ボールの着地点を読み、バウンド後の頂点を過ぎたあたりの低めの位置を狙う。狙いを定めたら、ボールに近い方の足を台の下に入るくらいしっかりと踏み込む。ラケットのバック面をやや上向きの状態をキープして構える。

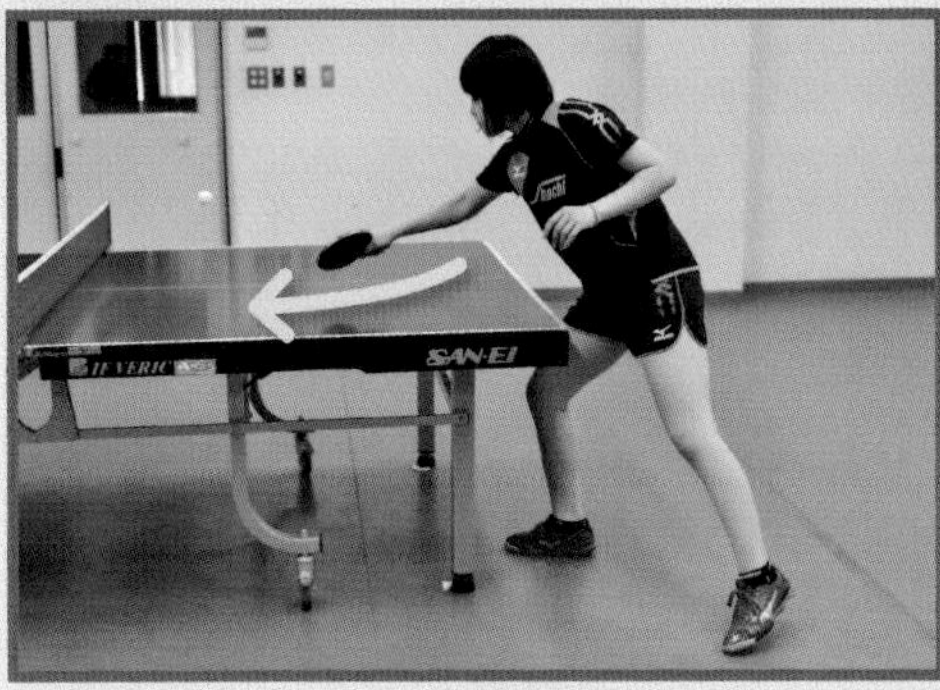

POINT ② ラケット面はやや上に向けボールの底をこする

上半身をボールに引き寄せ、ヒジを前に出して体全体で押し出すようにインパクトする。ラケットのバック面はやや上向きにしたまま、ボールの底をこするように打つ。ボールの高さと回転に合わせて角度を変える。

POINT ③ バックスイングは体の正面で小さくとる

バックスイングを大きくとるとボールのコントロールが難しくなる。また、フォアハンドに切り替えて攻撃する場合に、体勢を整えるのに時間を要してしまう。ワキを適度に締め、ヒジを曲げて体の正面で小さくとる。

+1《プラスワン》アドバイス ヒジを使ってコントロールする

ツッツキは下回転を強くかけることよりも、確実にボールを相手コートに低く返球することを意識しよう。そのためには、手首よりもヒジを使ってラケットをコントロールすることがポイント。手首を使いすぎると、ラケットの角度が不安定になるので注意する。

コツ15

フォアハンドのサイドスピンツッツキを打つ

横回転をかけて返球する

CHECK POINT!

1. カーブ回転ではバックスイングは小さめにとる
2. カーブ回転ではボールの右下に面を当ててインパクト
3. シュート回転では腕をやや開きラケットの面は外向き
4. シュート回転ではボールの左下に面を当ててインパクト

相手を左右に翻弄する攻撃性の高いツッツキ

基本のツッツキをマスターしたら、次はその応用編ともいえるサイドスピンツッツキに挑戦しましょう。サイドスピンツッツキはとは、相手が打った下回転のボールに対して、横回転をかけて返球する打法です。

サイドスピンツッツキは、ボールの返球コースを左側に曲げる「カーブ回転」と、右側に曲げる「シュート回転」という二つの種類があります。打ち方が異なりますので、それぞれのポイントを抑えてから取り組みましょう。

ボールの返球を左右に曲げることにより、相手を台の端から端へ大きく動かすことができます。試合の主導権を握れる、極めて攻撃的なツッツキです。

動画をチェック

POINT ❶ ラケットを立てて バックスイングは小さめにとる

カーブ回転をかける場合は、ボールの着地点を見定めて、ボールの位置へ足を踏み込む。ヒジを曲げ、ラケットは立てた状態をキープして小さめにバックスイングをとる。インパクトは、ボールがバウンドした直後を狙う。

POINT ❷ ボールの右下に面を当て 左斜めへラケットを押し出す

手首は動かさないよう固定し、ラケットをボールの右下に当てて切るようにインパクトする。腕を伸ばし、左斜めの方向へラケットを押し出すことがポイントになる。

POINT ❸ 腕をやや開き ラケットの面は外向き

シュート回転をかける場合は、カーブ回転と同様、ボールの着地点を見定めて足をしっかり踏み込む。ヒジを曲げて腕をやや開いた状態でバックスイングをとる。ラケットの面は外側を向くように握る。

POINT ❹ ボールの左下に面を当てて 左斜めへラケットを押し出す

手首を固定して、ラケットをボールの左下に当てて切るようにインパクトする。手首をやや反らせ、ヒジを内側に入れて左斜めの方向へラケットを振る。ラケットはインパクトの瞬間、先端が下向きになる。

コツ16

バックハンドのサイドスピンツッツキを打つ

バックハンドで横回転を打つ

CHECK POINT!

1. カーブ回転では体の正面で小さめにバックスイングをとる
2. カーブ回転ではヒジを高く上げてボールの右下をインパクト
3. シュート回転では体の正面でラケットを立ててバックスイング
4. シュート回転ではヒジの位置を下げてボールの左下をインパクト

両ハンドでマスターして試合を有利に展開する

バックハンドでサイドスピンツッツキのカーブ回転を打つ場合は、横回転のかけ方などはフォアハンドと共通していますが、体の動かし方が違います。バックハンドのフォームでボールの右下を切るように打つには、ヒジの位置を高く上げることがポイントです。

また、バックハンドでサイドスピンツッツキのシュート回転を打つ場合も同様に、体の動かし方に違いがあります。ヒジを曲げて、体の正面でバックスイングをやや小さめにとります。

フォアハンドとバックハンドの両方でサイドスピンツッツキをマスターできると、技術の幅が広がり試合を有利に展開できるでしょう。

動画をチェック

POINT ① 体の正面で小さめにバックスイングをとる

ボールが飛んできた位置をとらえて、足を踏み込む。ヒジを曲げて体の正面でラケットを構えて、小さめにバックスイングをとる。利き腕でない方の肩は、後方に引いておくとバックスイングがしやすくなってよい。

POINT ② ヒジを高く上げてボールの右下をインパクト

手首は固定したまま、ヒジを肩の位置に近い高さまで上げると、ラケットを当てやすい角度に構えられる。ヒジを伸ばして、ラケット面をボールの右下に当てて切るようにインパクト。そのまま右斜めの方向に振り切る。

POINT ③ 体の正面でラケットを立てる

ボールが飛んできた位置をとらえて、足を踏み込む。ヒジを曲げて、体の正面でラケットを立てて構える。このフォームのまま、小さめにバックスイングをとる。利き腕でない方の肩は、後方に引いておくとよい。

POINT ④ ヒジの位置を下げてボールの左下をインパクト

手首は固定したまま、ラケットよりも低い位置にヒジを下げて、ボールの左下をラケット面に当てる。右斜めの方向にラケットを押し出すようにしてインパクトをする。インパクト時は、ラケットの先を少し上に向ける。

コツ 17

フォアハンドのストップを打つ
ネット際に短く返球する

CHECK POINT!
1 姿勢を低く構えて目線をボールの高さに近づける
2 バックスイングをとらずヒザの屈伸を使って打つ
3 ラケットに力を入れず添えるようにインパクト

バウンド直後を狙い ネット際に落とす

ストップは相手からの短いボールに対して、相手コートのネット際に短く返球をする技術です。**ネット際に落ちたボールを打つには、台の近くまで体を寄せなくてはならないため、相手を前後に動かすことができるというメリットがあります。**ボールを低く短く返せるように意識しましょう。

ボールはバウンド直後に狙いを定めます。バウンドの位置が頂点まで上がると、低い返球が難しくなります。バウンド直後をインパクトできるように狙いを定めます。手首だけを使ってラケットを振ると、ネットミスなどのミスが生じるので注意しましょう。

動画をチェック

POINT 1 姿勢を低く構えて目線をボールの高さに近づける

台の近くに体を近づけて、利き腕側の足は台の下に入り込むくらい前に出す。踏み込んだ足に重心をかけ、ボールのバウンド直後をインパクトできるように、ヒザを曲げ腰を落として目線をボールの高さに近づける。

POINT 2 バックスイングをとらずヒザの屈伸を使って打つ

バックスイングはとらずに、ヒザの屈伸を利用してバウンド直後のボールをインパクトする。打球点が遅くなると、ラケットのコントロールが難しくなってしまうので注意する。

POINT 3 ラケットに力を入れず添えるようにインパクト

低く短く打ち返し、ネット際すれすれでボールを落とすには、ラケットを握る力加減もポイントになる。ラケットの面はやや上に向け、てインパクトの瞬間は、力を込めずにラケットをボールに添えるように打つ。

+1《プラスワン》 アドバイス 利き手側の足を踏み込む

フォアハンドのストップは、バックスイングをとらずに、ボールのバウンド直後を狙ってインパクトする。台上での繊細な技術になるため、体が台から離れてはいけない。体が台に触れるくらい、ボールの近くまで足を運ぶことがポイント。

コツ18

バックハンドのストップを打つ

相手コート内で2バウンドするかしないかのコントロール

CHECK POINT!

1 台の下に足を踏み込みヒジに余裕を持たせる
2 スイングより相手の回転を利用すること
3 ラケットを添えるようにインパクトする

ボールは相手コートで2バウンドさせるイメージ

バックハンドのストップも、フォアハンド同様に、相手からの短いボールに対して短く返球する技術です。ラケットの振りは、フォアハンド同様に小さくなり、インパクト時はボールの勢いを打ち消すように返します。

ストップは、相手のコート内でボールが2バウンドするかしないかの強さをイメージして打てることが理想です。**2バウンドするような低く短いストップの場合、相手は決定打を打てません。そうなると、自分のチャンスボールになる可能性が高くなります。**

自分に有利な返球が来るよう、繰り返し練習しましょう。

動画をチェック

POINT ❶ 台の下に足を踏み込み ヒジに余裕を持たせる

体の中心を軸として、ボールが来た方へ足を踏み込む。台の下にしっかり踏み込むことで、ヒジに余裕ができ、相手の打球の軌道上にすばやく乗ることができる。バックスイングはとらなくてよい。

POINT ❷ スイングを意識するより 相手の回転を利用する

スイングを意識してラケットを振るよりも、回転を利用することがポイント。ヒザを伸ばしながら、ヒジでコントロールするようラケットを前に出す。腕全体でボールの威力を打ち消すようにネットすれすれに返球する。

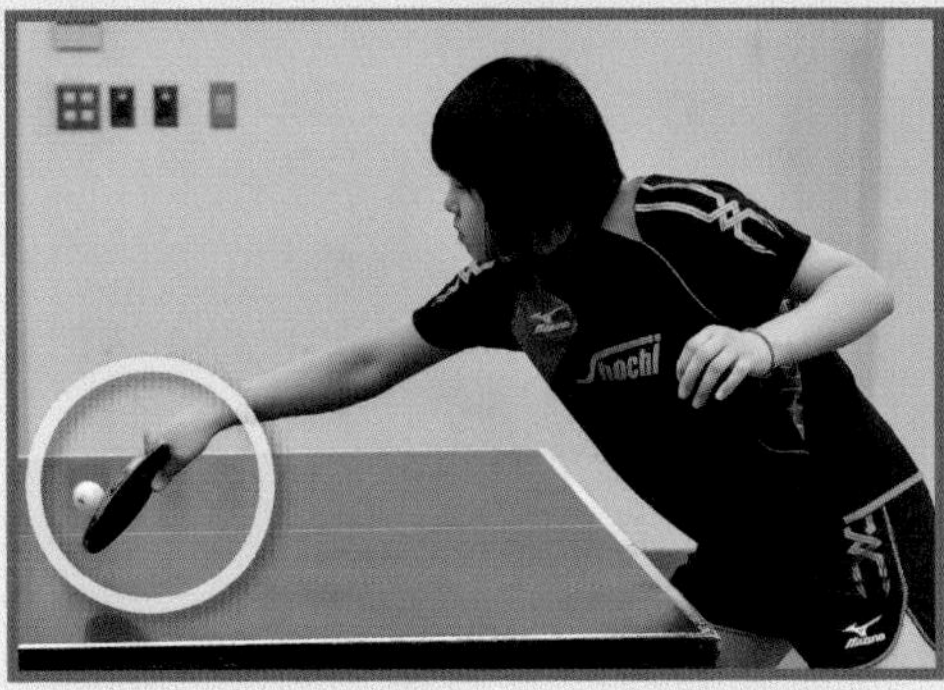

POINT ❸ ラケットを添えるように インパクトする

インパクトでは、バウンドして上昇するところを狙ってラケットをボールに添えるように当てる。回転を吸収することで、ボールの飛びすぎを防止できる。フォロースルーは振り抜かずに止めることがポイント。

+1《プラスワン》アドバイス 体を台に近づけて ヒジを伸ばさない

フォアハンドのストップと同様、台上での技術になるため、体は台から離れてはいけない。また、体が台から離れていると、ボールをとらえる時にヒジを伸ばすことになってしまう。伸ばすとラケットのコントロールが難しいので、ヒジには余裕を持たせる。

コツ19

フォアハンドのフリックを打つ

ボールに前進回転をかけてレシーブする

CHECK POINT!

1. 少し斜め上にバックスイングをとる
2. ボールを払うように振り前進回転をかける
3. インパクト前後は腕全体の力を抜く

前進回転をかけた攻撃力の高いレシーブ

相手のショートサービスに対して、攻撃的な返球で迎え撃つのがフリックです。**フリックは、ツッツキやストップと同様、台上打法のひとつですが、ボールに前進回転をかけて返球するため、上手く決まると攻撃力が高く強いボールになります。**

フォアハンドの場合、ボールの着地点を見定めながら、ボールに上半身を寄せ、少し斜め上にバックスイングをとります。ボールがバウンドしてから、頂点に達する直前を狙ってインパクトします。インパクト後、ラケットは斜め上の方向へボールを払うように振りましょう。フォロースルーでは、腕の力を抜くことがポイントになります。

動画をチェック

POINT ① 少し斜め上に向けてバックスイングをとる

ボールが飛んできた位置をとらえるために、足を台の下まで踏み込む。目線をボールに合わせるように、ボール近くまで上半身を寄せる。ヒジを曲げ、適度にワキを開くと、斜め上の方向へバックスイングをとりやすい。

POINT ② ボールを払うように振り前進回転をかける

インパクトは、バウンドして頂点に上がる前をとらえる。ラケットはボールにややかぶせるような角度で、斜め上に払うように振り切る。振り切るスピードが遅いと、うまくボールに回転がかからないので注意する。

POINT ③ インパクト前後は腕全体の力を抜く

インパクトの瞬間だけラケットを握るように力を入れる。インパクト前後は、コントロール重視のため、腕全体の力を適度に抜いておくことがポイント。フォロースルー後は、すぐに次の体勢を整える。

+1《プラスワン》アドバイス ヒジから先を使い回転をかける

フォアハンドのフリックは、ストップと同様、台上での細かな技術を要する打法である。しかし、フリックはドライブのように前進回転をかけて返球することが重要。ラケットの振りはコンパクトに、ヒジから先の腕を使って回転をかけることがポイント。

コツ 20

バックハンドのフリックを打つ

斜め上へコンパクトにスイングする

CHECK POINT!

1 手首を内側に曲げラケットの先は横向き
2 バックスイングは体の正面でコンパクトに
3 右斜め上に払って上回転をかける

フォアハンドとの相違点をおさえる

バックハンドフリックの場合、ボールの着地点を見定めて足を踏み込んだり、インパクトの瞬間にボールがバウンドして頂点に上がる前を狙うという点は、フォアハンドと共通しています。

しかし、**バックハンドフリックでは、ラケットを体の正面で構え、バックスイングも正面でとります。そのため、フォアハンドに比べ、コンパクトなバックスイングにする必要があります。**バックスイングが小さい分、すばやく鋭いスイングを意識しましょう。

また、ペンホルダーでのバックハンドフリックは、さらに難易度が高くなります。

動画をチェック

POINT ① 手首を内側に曲げ ラケットの先は横向き

ボールが飛んできた位置をとらえて、足を台の下まで踏み込む。目線をボールに合わせるように、ボール近くまで上半身を寄せる。ヒジを曲げ、手首を内側に曲げて、ラケットの先端が横を向くように構える。

POINT ② バックスイングは 体の正面でコンパクトに

バックスイングは体の正面でとる。上半身はあまり動かさずに、ヒジを曲げ、腕を自分の方へ引いてラケットを引き寄せ、コンパクトにとることがポイント。腕を引いたときに、ワキを締めないように気をつける。

POINT ③ 右斜め上に払って 上回転をかける

インパクトは、バウンドして頂点に上がる前をとらえる。ラケットはボールにややかぶせるような角度で、右斜め上に払うように振り切る。振り切るスピードが遅いと、上回転がかからずネットミスなどにつながる。

+1《プラスワン》アドバイス 肩を使うと 動きが大きくなる

バックハンドのフリックでは、バックスイングからインパクトに至るまで、肩を使うと大きな動きになってしまう。肩ではなくヒジから先を使い、インパクトの瞬間は手首を使って回転をかける。初心者は特に肩を使いがちなので注意する。

コツ 21 チキータを打つ

バック面でボールをこすり上げる

CHECK POINT!

1 ヒジを曲げたまま少しずつ上げていく
2 ヒジを支点にして手首を内側に曲げる
3 バック面でボールの左下をこすり上げて打つ

複雑な手首の動きを要する極めて難しいレシーブ

チキータはバックハンドフリックの変則的な打法であり、数ある打法の中でも極めて難しい技術です。ボールに回転がかかり、曲線を描きながら相手コートに飛んでいく様子がバナナの形に似ていることから、バナナの銘柄である「チキータ」にちなんで、この技術名がつけられたともいわれます。

チキータがハイレベルな技術といわれる理由は、ほかの打法よりも手首の動かし方が非常に複雑だからです。バックスイングのときはラケットのフォア面を真上に向けますが、インパクトはバック面を使います。手首の難しい動きだけに集中せず、ヒジや腕の正しい使い方もマスターしましょう。

動画をチェック

POINT ① ヒジを曲げたまま少しずつ上げていく

ボールが飛んできた位置をとらえて、足を踏み込む。目線をボールに合わせるように、ボール近くまで上半身を寄せる。ヒジは曲げたまま少しずつ上げて、このとき手首は手前側に引く。ラケットはフォア面が上向き。

POINT ② ヒジを支点にして手首を内側に曲げる

バックスイングのときは、ヒジを支点にして手首を内側に曲げて丸めた状態にする。このとき、ラケットのフォア面は上に向ける。次にヒジを高い位置でキープしたまま、腕を回転させながらスイングする。

POINT ③ バック面でボールの左下をこすり上げて打つ

ヒジを伸ばし、腕を大きく振り上げてインパクトする。バック面で、ボールの左下をこすり上げることが強い回転をかけるポイント。ヒジの位置が低いと、ラケットの振りが小さくなり、回転がかかりにくいので注意。

+1《プラスワン》 アドバイス ラケットよりもヒジを高くキープ

チキータでは、ヒジの高さをラケットよりも高い位置でキープすることがポイント。ヒジを高く上げることで、ボールの左下をとらえやすくなる。ヒジが下がっていると、左下をとらえるのが難しく、ラケットの振りも小さくなってしまうので注意する。

コラム

ボールの回転のしくみ

下回転サービス

下回転はボールの下側をこするようにして打つとかかる。ボールにバックスピンがかかるため、バウンドしてからボールの速度が急に落ちる特徴がある。

横回転サービス・シュート回転

シュート回転はボールの左側をこするようにして打つとかかる。ボールは時計回りに回転し、右に曲がりながら飛んでいく特徴がある。

横回転サービス・カーブ回転

カーブ回転はボールの右側をこするようにして打つとかかる。ボールは反時計回りに回転し、左に曲がりながら飛んでいく特徴がある。

ラケットでこするように打ったボールには回転がかかる。回転には、下回転、横回転（シュート回転・カーブ回転）という基本回転がある。

この基本回転を覚えてしまえば、あとはボールの打点位置を少し変えるだけで、複雑な回転のバリエーションを増やすことができる。特にサービスでは、自分の思い通りの回転をかけられる絶好のチャンスなので、この3つの回転はしっかりマスターしておこう。

PART 4

サービスで試合を優位に進める

コツ22

サービスのルール

サービスの構えと出し方をマスターする

CHECK POINT!

1. トスは台よりも高い位置で行う
2. トスは垂直方向に16センチ以上上げなければいけない
3. トスのときは台で手を隠さない

思い通りに打てる唯一の打法

卓球の試合は、サービスからスタートします。試合における一球目攻撃であるため、自分が打ちたい位置へ、ボールの回転やスピードを加減できる唯一の打法といえます。**試合を有利に進めるためにも、思い通りのサービスを打てるようになることが重要なポイントになります。**

サービスには主に、下回転サービス、横回転サービス、無回転のナックルサービスという3種類があります。トップ選手の中には、回転の種類だけでなく、コースの種類やバウンドの長短などに変化をつけ、様々なバリエーションのサービスを出せる人も多くいます。

まずは、トスの上げ方とそのルールから覚えましょう。

動画をチェック

POINT 1
トスは台よりも高い位置で行う

　トスを行うときは、相手に見えるよう台よりも高い位置に手を構えなければならない。また、インパクトの瞬間が相手にしっかり見えるように、ボールを上げた方の手はすぐに後ろへ引くこと。

POINT 2
トスは垂直方向に16センチ以上上げなければいけない

　サイドラインと平行になる位置に立ち、ヒザを曲げて前傾姿勢で構える。トスの瞬間は、曲げていたヒザを伸ばし、その反動で上げるとよい。手で上げようとすると、一定の高さまで上がらず、軌道がぶれるので注意する。

POINT 3
トスのときは台で手を隠さない

　トスのときはボールを持っている手に集中するあまり、構えた手が下がってしまいがちになる。台から下で構えたり、台の中でトスを上げてしまうと反則になるため充分に注意すること。

+1《プラスワン》 アドバイス
ボールは相手に見えるように構える

トスは相手にボールが見えるよう、手を広げて構えなければいけない。ルールを守らないと、反則をとられてしまうので構えるときは注意しよう。写真のように、ボールを握って、隠してしまっていないか、今一度自分の構えをチェックしよう。

コツ23
フォアハンドの下回転サービスを打つ

ラケットの先端でこするように打つ

CHECK POINT!

1 ラケットのフォア面を上向きにしてスイング
2 相手コート側にしゃくり上げるように打つ
3 インパクト後はラケットを振り切らない

相手のレシーブ力を封じるサービス

下回転サービスは、相手のコートでバウンドしたとき、一瞬ボールが止まったように見えることが特徴です。これにより、相手にレシーブのタイミングを狂わせ、強いレシーブを封じる効果があります。試合で多用するサービスのため、正確に身につけておきましょう。

ボールに下回転をかけるには、落下してきたボールの下を、ラケットの先端を使ってこするようにインパクトします。ラケットを台と水平に構え、下からこすり上げるように打つと下回転がかかります。

また、ボールの回転量を増やすには、すばやくスイングすることがポイントになります。

動画をチェック

POINT ① ラケットのフォア面を上向きにしてスイング

トスを上げ、落下してきたボールを目で追いながら、バックスイングをとる。このとき、ラケットのフォア面を上に向け、水平に構えておく。ヒジを支点にして、ラケットを水平のまますばやくスイングする。

POINT ② 相手コート側に向かってしゃくり上げるように打つ

インパクトの瞬間も、ラケットは水平の状態をキープして、ボールの下をこすり上げるように打つと下回転がかかる。ボールの下から相手コート側向かって、しゃくり上げるように打つイメージを持つと打ちやすい。

POINT ③ インパクト後はラケットを振り切らない

インパクト後は、ほかの打法とは違い、ラケットを振り切らないことが重要なポイントとなる。インパクト後は、ブレーキをかけるようにラケットの動きをピタッと止めることで、相手コートでボールが減速する。

+1《プラスワン》 アドバイス ラケットは水平に構えてインパクト

下回転サービスは、バックスイングからインパクトに至るまで、ラケットは水平をキープすることがポイント。ラケットに角度をつけてしまうと、ボールの真下をとらえられないので注意する。インパクトの瞬間は、ラケットをボール下に入れるイメージで打つ。

コツ24

バックハンドの下回転サービスを打つ

上半身を回してバックスイングする

CHECK POINT!

1. ラケットを高く振り上げ上半身を回してバックスイングをとる
2. 上半身を戻しながらラケットを振り下ろす
3. すばやいスイングで強い回転をかける

バックスイング時の上半身の動きがポイント

バックハンドの下回転サービスは、フォアハンドに比べると、バックスイングがとりづらいため難しく感じるかもしれません。しかし、フォアハンドだけしか出せなければ、そのうち相手に強い返球をされてしまいます。この第一球で主導権を握るためにも、サービスのバリエーションを一つでも多く身につけておくことが大切です。

バックハンドでのポイントは、ラケットの位置を高く上げることです。**顔の位置くらいを目安にラケットを振り上げ、スイング時に勢いよく振り下ろすと、力強い下回転がかかります。**フォアハンドと同様、インパクト時はボールの下をこすります。

動画をチェック

POINT ① ラケットを高く振り上げ上半身を回してバックスイング

バック寄りに体を構えて立ち、足は肩幅よりも広く開いて構える。トスを上げたら、利き腕でない方の手は、後方にしっかりと引いておく。ラケットを顔の位置まで上げ、腰から上半身を回してバックスイングをとる。

POINT ② 上半身を戻しながらラケットを振り下ろす

回した上半身をすばやく逆方向へ戻しながら、ラケットを勢いよく振り下ろすようにスイングする。このとき、ラケットの角度はバック面が上を向き、水平になっていることがポイント。ラケットを水平にすることでボールの下がとらえやすくなる。

POINT ③ すばやいスイングで強い回転をかける

インパクトで強い回転をかけるためには、すばやいスイングを心がけることがポイントになる。フォアハンドのときと同様に、ボールの下をとらえてこするように打ち、インパクト後はラケットの動きをしっかり止める。

+1《プラスワン》アドバイス ヒジから先を使いスイングする

バックハンドの下回転サービスでは、顔の位置までラケットを上げバックスイングをとり、すばやくラケットを振り下ろしてボールの下をインパクトする。振り下ろすときに肩を大きく動かしてしまいがちだが、ヒジから先を使ってスイングすることがポイント。

横回転サービスのシュート回転を打つ

コツ25

ヒジを支点にボールの左側をこする

CHECK POINT!

1 ラケットの先端を下に向けバックスイングをとる
2 ヒジを支点にしてヒジから先を使ってスイング
3 インパクトは体の正面でボールの手前をこする

ボールの左側をこするように打つ

横回転サービスとは、ボールの真横をこするように打ってサイドスピンをかけるサービスのことです。フォアハンドでシュート回転をかける場合と、カーブ回転をかける2つのパターンがあります。シュート回転は、ボールが時計回りに回りながら、右方向に曲がって飛んでいきます。横回転サービスも、下回転サービスと同様に試合で多用されるため、マスターしておきたいサービスです。

フォアハンドでボールにシュート回転をかける場合は、**インパクトの瞬間にラケットを垂直に構えて先端を下向きにすることがポイントです。ボールの左側をとらえて、こするように打つとシュート回転がかかります。**

動画をチェック

POINT ① ラケットの先端を下に向けバックスイングをとる

サイドラインとほぼ平行に構える。ラケットの先端でボールをとらえられるようにするため、ラケットの先を下に向けることがポイントになる。トスを上げ、落下してきたボールを目で追いながら、バックスイングをとる。

POINT ② ヒジを支点にしてヒジから先を使ってスイング

ラケットの先端を下にしたまま、ヒジを支点にして、ヒジから先を使って左方向へすばやくスイングする。スイングは、ヒザの屈伸でタイミングをとるとやりやすい。また、肩と手首はある程度固定しておく。

POINT ③ インパクトは体の正面でボールの手前をこする

インパクトの瞬間は、ボールの手前をとらえて、こするように体の正面で打つ。ヒジを高く上げて、なるべくラケットを体の近くに持ってきてインパクトすること。インパクト後は、ラケットを振り切らずに動きを止める。

+1《プラスワン》 アドバイス ヒジを支点にしてインパクトする

インパクトの瞬間は、手首を使って打ちにいってしまうとラケットが安定しない。ヒジを支点にして、ヒジから先を使うことを心がけよう。肩と手首はあまり動かさないよう固定して、ヒジから先でラケットをコントロールすることがポイント。

コツ26 横回転サービスのカーブ回転を打つ
ラケットを横向きにしてボールの右側をこする

CHECK POINT!
1 カーブ回転をかけやすい握り方に変える
2 体をボールに寄せてすばやくスイングする
3 インパクトは体の近くでボールの右側をこする

シュート回転よりも難易度の高い打法

ボールが時計回りに回りながら、右方向に曲がって飛んでいくシュート回転に対して、ボールが反時計回りに左方向へ飛んでいくのがカーブ回転です。

カーブ回転のかかった横回転サービスは、ボールの右側をとらえるため、手首を内側に丸める必要があります。**シュート回転よりも難しいテクニックが求められますが、自分のサービスの幅を広げるためにも覚えておきたい打法です。**

フォアハンドでカーブ回転をかける場合は、インパクトの瞬間にラケットの先端を横向きに立てて、ボールの右側をこするように打ちます。シュート回転と同様、ボールの真横をしっかりとらえることがポイントです。

動画をチェック

POINT 1 カーブ回転をかけやすい握り方に変える

サイドラインとやや平行に構える。トスを上げ、落下してきたボールを目で追いながら、ヒジを引いてバックスイングをとる。ボールの右側をとらえやすくするため、グリップをある程度、握りやすいように変えてもよい。

POINT 2 体をボールに寄せてすばやくスイングする

上半身を左方向へ回しながら、すばやくスイングすることがポイント。このとき、体をボールの位置まで寄せて行うとやりやすい。シュート回転と同様、スイングのときにボールの真横をとらえることを意識する。

POINT 3 インパクトは体の近くでボールの右側をこする

インパクトの瞬間は、手首を内側に丸める。ラケットを横向きに面を立て、ボールの右側をとらえてこするように打つ。なるべく体の近くでインパクトし、インパクト後はラケットを振り切らずに、動きを止める。

+1《プラスワン》 アドバイス インパクト時に手首に力を込める

カーブ回転のサービスでは、ボールに強いカーブ回転をかけるため、すばやいスイングでボールの右側をとらえる。強い回転をかけるためには、なるべく体の近くでボールをとらえ、インパクトの瞬間だけ、ぐっと手首に力を込めて固定することがポイント。

バックハンドのカーブ回転サービスを打つ

コツ 27

下回転サービスと同じフォームで打つ

CHECK POINT!

1 バックハンドの下回転サービスに似たバックスイング
2 徐々にラケット面を立てながらスイングする
3 ラケット面を横向きに立てボールの右側をこする

相手の判断ミスを誘う高度なテクニック

バックハンドのカーブ回転をかけた横回転サービスは、バックハンドの下回転サービスと似たフォームでバックスイングをとることがポイントです。インパクトの瞬間だけ、ラケットの向きを即座に変えます。

バックスイングが下回転サービスと似たフォームということは、相手が球種の判断ミスをしやすくなるといえます。その分、高度なテクニックが必要になりますので、各動作のポイントを抑えておくことが大切です。

バックハンドでカーブ回転をかける場合は、インパクトの瞬間にすばやくラケットのグリップ面を相手に向け、先端を自分の方へ向けましょう。

動画をチェック

POINT ① バックハンドの下回転サービスと同様のバックスイングをとる

両足は肩幅よりも広く広げて構える。バックハンドの下回転サービスとほぼ同じように、バックスイングでは上半身を回して利き腕でない方の手を後方に引く。ラケットは顔の位置まで高く振り上げる。

POINT ② 徐々にラケット面を立てながらスイングする

顔の位置まで振り上げたラケットは、スイング時に勢いよく振り下ろす。上半身を右に回し、ヒジを引きながらスイングする。徐々にラケットの面を立て、インパクトの瞬間に上向きにしていたバック面を立てる。

POINT ③ ラケット面を横向きに立てボールの右側をこする

インパクトの瞬間には、ラケットを立てグリップ面を完全に相手の方に向け、先端は横向きにする。ボールの右側をこするように打つことで、カーブ回転がかかる。インパクト後は、ラケットを振り切らずに動きを止める。

+1《プラスワン》 アドバイス 高いトスで回転量を増やす

トスは通常16cm以上上げればよいが、さらに回転量を増やしたい場合は、より高いトスを上げる。ただし、高く上げた分、ボールをとらえることが難しく、リスクが高くなることを覚えておこう。ミスをしないポイントは、ボールを真っ直ぐ投げること。

コツ28

ナックルサービスを打つ

下回転と見せかけてミスを誘う

CHECK POINT!

1. 下回転と同様にバックスイングをとる
2. ラケットの中心でとらえ押し出すようにインパクト
3. フォロースルーでラケットをしゃくり上げる

下回転と見せかけて相手を惑わすサービス

ナックルサービスとは、ボールに回転をかけずに出すサービスのことです。インパクト時に、ボールをこすらずにラケットを押し出すように打つと無回転のまま飛んでいきます。

ナックルサービスは、下回転サービスと見せかける方法が比較的簡単です。いかに下回転と見せかけたフォームで打ち、相手を惑わせることができるかが、カギとなります。

相手に無回転だと見破られないためには、スイングからインパクトまでの流れをすばやく行います。フォロースルーでは下回転サービスと同様、ラケットを上向きにしたところを相手に見せることがポイントです。

動画をチェック

POINT 1 下回転と同様にバックスイングをとる

下回転と同様、トスを上げ、落下してきたボールを目で追いながら、バックスイングをとる。ラケットのフォア面が上を向き、水平に構えておく。ヒジを支点にして、ラケットを水平のまますばやくスイングする。

POINT 2 ラケットの中心でとらえ押し出すようにインパクト

インパクトの瞬間は、水平の状態からラケットに少し角度をつける。ボールをラケットに当てて、乗せるようなイメージで押し出すように打つ。このとき、摩擦が起こると回転がかかってしまうので注意する。

POINT 3 フォロースルーでラケットをしゃくり上げる

フォロースルーでは、ボールに回転をかけたように見せることが重要。インパクトしたら、すばやくラケットをしゃくり上げて、フォア面を上に向ける。この動作で相手に下回転だと思い込ませることができる。

+1《プラスワン》 アドバイス 3球目攻撃が有利になるサービス

ナックルサービスを下回転サービスに見せかけて出した場合、相手はツッツキでレシーブしてくる可能性が高くなる。回転の少ないサービスをツッツキで返球すると、ボールは高く上がるため、3球目が攻撃しやすいボールになる。

コラム

メンタルを鍛えるために必要なこと

卓球は台上で細かな技術を要する、極めて繊細なスポーツです。そのため、試合前の緊張により筋肉が強ばると、ラケットさばきが悪くなります。キレの悪いラケットさばきは、ボールの回転などに影響を及ぼしてしまいます。

強いメンタルを持つために、特別なトレーニングは必要ありません。**メンタルは、日々の厳しい練習に真面目に取り組むことで自ずと培われていくものです。**

また、戦術を考え、それを身につけることで「試合で勝てる」という自信にもつながります。メンタルを鍛えることは、技術の向上と同じくらい重要なことだと意識し、試合ではいつも通りの力を発揮できるようになりましょう。

PART 5

試合を決めるショットをマスターする

コツ 29

ループドライブ

下から上に向かって振り抜く

CHECK POINT!

1 上半身を深く沈ませバックスイングをとる
2 ボールは低い位置を狙ってインパクト
3 ラケットを上方向に真っ直ぐ振る

緩急をつけて タイミングを失わせる

ループドライブは、通常のドライブよりもスピードを落として、ボールの回転量を増やしたドライブです。ボールが相手コートへ大きく弧を描くように飛んでいくのが特徴です。**相手のタイミングを狂わせたり、崩してしまった体勢を整えるための時間稼ぎをしたいときに効果的なドライブといえます。**

ループドライブは、通常のドライブよりも回転量を多くして、ボールが大きく弧を描くように打ちます。そのためには、バックスイングで上半身を深く沈めて、スイングのときに下から上に向かって振り抜くことがポイントです。このとき、オーバーミスを招く恐れがあるため、インパクトは低い位置で行いましょう。

動画をチェック

POINT 1 上半身を深く沈ませ バックスイングをとる

バックスイングでは、上半身を深く沈ませる。右ヒザを曲げながら右方向へ回し、右足に重心をかける。ラケットは下から上に大きく振り抜けるように、低い位置で構える。体勢を崩さないよう左半身でバランスをとる。

POINT 2 ボールは低い位置を狙ってインパクト

スイングの力を利用して、ボールをこするように打って前進回転をかける。インパクトは、ボールが低い位置にきた瞬間を狙うことがオーバーミスを防ぐポイント。ヒジを曲げつつ、ヒジより先を使って打つ。

POINT 3 ラケットを上方向に真っ直ぐ振る

バックスイングで曲げていた右ヒザを伸ばし、正面に向けながらスイングする。その動きに合わせて上半身も正面に向け、ラケットは上方向へ真っ直ぐ振る。右足にかけていた重心は、体の中心に移動させる。

+1《プラスワン》アドバイス ヒザを曲げて力をためる

ループドライブは、ボールが低い位置まで落ちてくるのを狙う。その方が回転をかけやすいため、ボールの落下から目を離さないことがポイント。ボールを低い位置でインパクトするため、ヒザを曲げて、上方向へスイング。ヒザを曲げないと、上方向への力が減る。

スピードドライブ

コツ30

ラケットを寝かせ気味にインパクトする

CHECK POINT!

1 ややヒザを曲げてバックスイングをとる
2 上半身を正面に戻し水平方向にスイング
3 腕を伸ばして力強くインパクト

スマッシュに次ぐ威力あるショット

スピードドライブは、スピードアップさせたドライブで、スマッシュに次ぐ威力のショットです。**スピード力を武器に、決定打としての効力がありますが、ただ速いだけでは強打を防ぐ力のあるブロックで返球される恐れがあります。返球されないよう、ボールにしっかり回転をかけられるようにしましょう。**

バックスイングでは上半身を深く沈ませ、スイング時は、水平方向にラケットをひきましょう。インパクトでは、ラケットを寝かせて、ボールを力強く打つよう意識しましょう。

フォームのポイントをマスターして、スマッシュに次ぐ、この強力なショットを使いこなせるようになりましょう。

動画をチェック

POINT 1 ややヒザを曲げてバックスイングをとる

上半身と右ヒザを右側に回し、バックスイングをとる。上半身は沈ませるが、ラケットをループドライブのように下から上に振り抜かないので、ヒザはやや曲げる程度でよい。重心は右足にかける。

POINT 2 上半身を正面に戻し水平方向にスイング

上半身を正面に戻しながら、水平方向にスイングする。重心は右足から左足に移動させ、同時に右ヒザも正面に向ける。腕や手首だけでなく、体全体の力を使ってスイングすることで、威力のあるボールになる。

POINT 3 腕を伸ばして力強くインパクト

左足を斜め前に勢いよく踏み込み、バウンドしたボールの頂点を狙う。ラケットを寝かせた状態で力強くインパクトする。ヒジを伸ばして、腕を強く振るように打つことがポイントになる。

+1《プラスワン》アドバイス 足にためた力を上半身に伝える

スピードドライブは、スマッシュと比べると威力は多少落ちるが、安定感のある決定球といえる。ポイントは下半身に力を入れること。バックスイングのときに、利き腕側の足に力をためて、スイング時にためた力を上半身に伝えるイメージを持つとよい。

コツ31 スマッシュ

しっかり足を踏み込んで打つ

CHECK POINT!

1 力を抜いてバックスイングをとる
2 体全体の力を使い勢いよくスイング
3 ヒジはある程度曲げてインパクト

得点を決定づける卓球の花形ショット

スマッシュは相手のコートに叩き込むように打つ、卓球の決定打のなかでも花形といえるショットです。**得点を決定づけるショットですが、同時にネットミスやオーバーミスにつながりやすいため、スマッシュを打つ際は正確な判断が必要になります。**

また、スマッシュを打つことで「決まった」という意識が強くなり、フォロースルーをとったままの体勢になりがちです。それでは、万が一相手に返球されてしまった場合、次の返球に間に合わなくなってしまいます。

相手に返球されることも想定して、フォロースルー後はすばやく基本姿勢に戻ることが重要です。

動画をチェック

POINT 1 力を抜いてバックスイングをとる

インパクト時にボールの頂点に達した瞬間を狙えるよう、ボールが着地するあたりに体を近づけて構える。上半身を回し、右足に重心をかけて適度に力を抜いた状態でバックスイングをとる。

POINT 2 体全体の力を使い勢いよくスイング

威力のあるスマッシュを打つために、腕だけではなく、体全体の力を使ってスイングする。バックスイング後は、勢いよく左足を踏み込み、重心も左足に移す。ボールがバウンド後、頂点に達した瞬間をとらえてインパクトする。

POINT 3 ヒジはある程度曲げてインパクト

インパクトの瞬間はラケットを垂直にし、ラケットの先端を横向きのまま、ボールの真後ろを打つ。同時に左足を踏み込むことが重要。ヒジは伸ばしすぎるとミスショットしたり、コントロールが狂うため、ある程度は曲げて打つ。

+1《プラスワン》アドバイス 体に力をためてインパクトで放出

スマッシュは威力あるボールを打ちこむテクニックだが、バックスイングを大きくとったり、この時点で力を込めたりしない。インパクトの瞬間に、ためた力を一気に放出するようなスイングでラケットを振り抜くことがスマッシュ成功のポイント。

コツ32

バックハンドのブロック

バウンド後の頂点前をインパクトする

CHECK POINT!

1 バックスイングはほとんどとらない
2 力は入れずにラケットに当てるように打つ
3 相手のボールの威力を吸収するイメージで

強いボールの勢いを打ち消して返球する

ブロックは、スマッシュやパワードライブなどの強いボールの勢いを打ち消して返球する打法です。

ブロックのポイントは、ボールに対するラケットの角度と打球点です。**ラケットの面はやや前傾させ、ボールの真後ろをとらえます。バウンド後の頂点前を狙ってインパクトすると安定した返球になり、ミスを防ぐことができます。**また、返球コースを打ち分けられるようになると、相手の連続攻撃を断つことができます。

ブロックでは強いボールを迎え撃つため、その反動でインパクト後は上半身がのけ反ることがあります。前傾姿勢をキープし、フォロースルー後は次の攻撃に備えて基本姿勢に戻りましょう。

動画をチェック

POINT 1 バックスイングはほとんどとらない

ブロックのインパクトでは、勢いをつけたり力を込めたりすると、安定した返球ができない。そのため、バックスイングはヒジを曲げ、体の正面で少しだけとる程度にする。あくまで、強い打球を防御するイメージを持つ。

POINT 2 力は入れずにラケットに当てるように打つ

インパクト時は、ボールのバウンド後の頂点前を狙い、ラケットをボールに当てるように打つ。ボールの威力を打ち消すように、ラケットは少し押し出すくらいでよい。回転量を読み、それに合わせて力の方向を調節する。

POINT 3 相手のボールの威力を吸収するイメージで

相手のボールの威力を打ち消すには、自分のラケットにその威力を吸収されるイメージで行うとよい。インパクトの瞬間、ボールが高く飛ばないよう注意する。ラケットを動かさない「止める技術」を身につけること。

+1《プラスワン》 アドバイス 状況に応じてコースを打ち分ける

ブロックした後、再び相手に強い打球を打ち込まれないためにも、返球コースを変える工夫が重要となる。特に相手が打ってきたコースと逆方向に打てると不意をつくことができる。状況に応じて、効果的なコースで返球することを意識する。

コツ33 耳の高さから斜め下へ切る

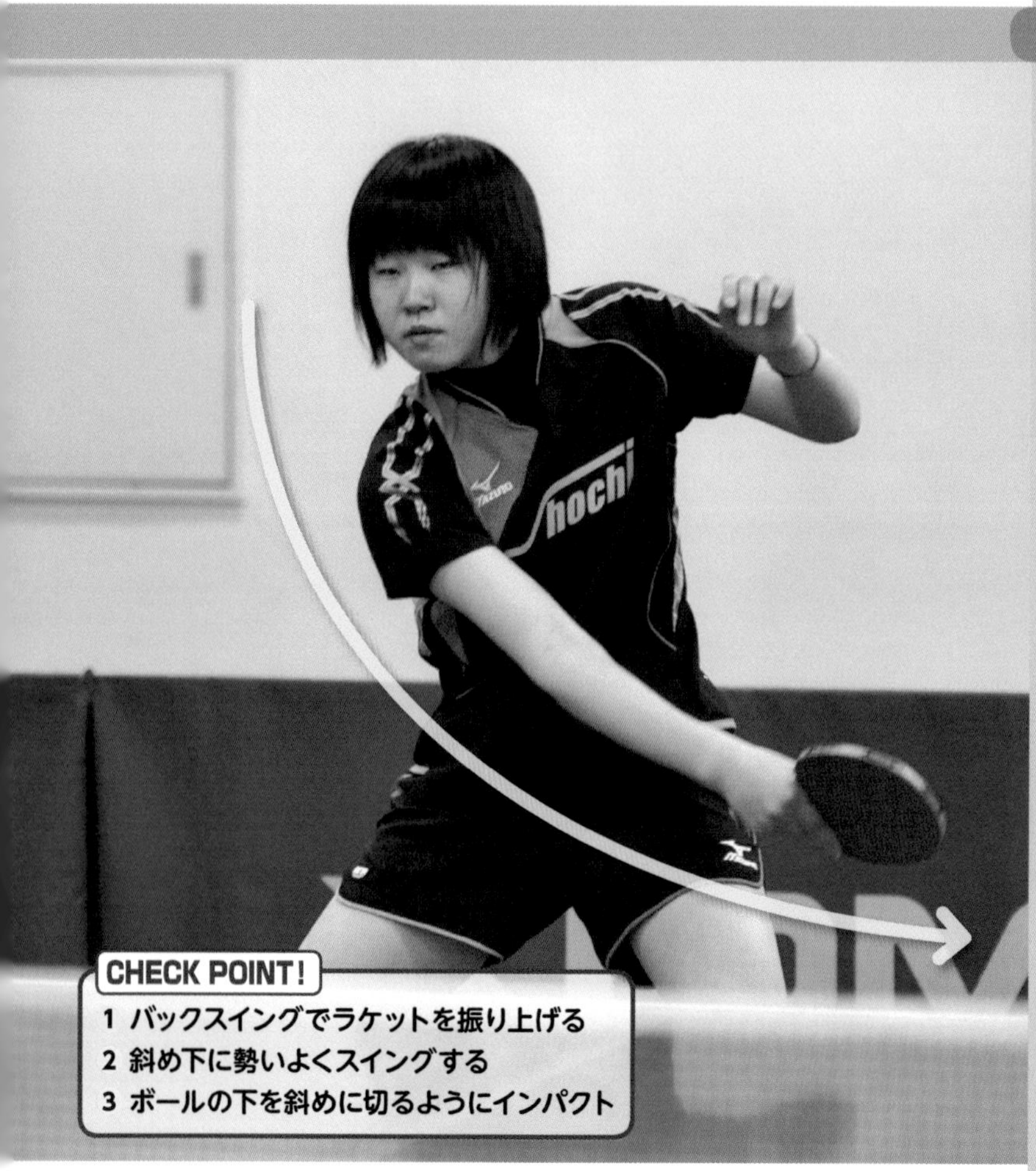

CHECK POINT!

1 バックスイングでラケットを振り上げる
2 斜め下に勢いよくスイングする
3 ボールの下を斜めに切るようにインパクト

ボールの回転量を変えて相手を翻弄する

カットは基本的に守備的な技術ですが、ボールに強い下回転がかかるため相手のミスを誘うことができます。守備を主として試合を進める「カット主戦型」というプレースタイルの選手が多用する打法です。技術が向上すれば、攻撃をしかけられるようにもなります。

強烈な下回転が特徴のカットですが、常に同じ強さと回転量で返球していると、相手も対応に慣れてしまいます。回転量の多いボールはネットミスを誘いやすいですが、時折、回転量を減らしたボールを打つことで相手を翻弄することができます。後陣でツッキをするようなイメージでボールを拾い続け、前後にくるボールにもすばやく対応できるよう、前後のフットワークを身につけておきましょう。

動画をチェック

POINT 1 バックスイングでラケットを振り上げる

台から4m以上離れた後陣のポジションをとり、両足は肩幅よりも広く開いて構える。バックスイングで右足を後方に移動させ、重心も右足にかける。上半身を右にひねり、余裕があればラケットを耳まで上げる。

POINT 2 斜め下に勢いよくスイングする

スイングでは耳の位置まで振り上げたラケットを、斜め下に向かって振り下ろす。腕の力だけでスイングするのではなく、ラケットの動きと合わせて重心を右足から左足に移すと、安定する。

POINT 3 ボールの下を斜めに切るようにインパクト

ボールが腰の位置まで落ちてくるのを狙ってインパクトする。インパクトはラケットでボールの下を斜めに切るように打つ。試合中は時折、ラケットの角度を大きめにとり、ボールの回転量を減らす工夫をしよう。

+1《プラスワン》アドバイス 台から離れて返球を続ける

カットは基本的に後陣で返球を続ける打法である。台から近い位置で構えていては相手コートに入らないため、離れることがポイント。しかし、試合ではいつも思い通りの位置から返球できる訳ではないので、台から近い距離でカットをするトレーニングも必要。

コツ34

回り込みのフットワーク

バック側に回り込んでフォアハンドで打つ

CHECK POINT!

1 お尻から回り込むようにバック側に移動する
2 左足を勢いよく踏み込み力強くスイング
3 基本の3歩動でフォアの体勢をとる

フォアハンドで安定した威力のある返球をする

回り込みは、バック側に飛んできたボールをフォアハンドで打つためのフットワークのことです。バック側にきたボールをバックハンドだけでしか返球することができないと、戦術の幅が狭くなってしまいます。また、**バックハンドよりもフォアハンドの方が、威力のあるボールを打てるため、フォアハンドで打てる位置に移動することが重要です。**

回り込みのフットワークで大切なのは、フォアハンドで打つ位置にすばやく「回る」ことと、インパクトの瞬間にしっかり「踏み込む」ことです。この二つが合わさることで、効果的な回り込みになります。

動画をチェック

POINT 1 お尻から回り込むように バック側に移動する

バック側に移動するため、バック側に少し飛ぶように左足を出す。お尻から回り込むように動くことがポイント。左足を軸にして、右足は床を蹴るように着地する。このタイミングで、バックスイングをとる。

POINT 2 左足を勢いよく踏み込み 力強くスイング

次に、左足を勢いよく踏み込み、重心を左足のつま先に移動させる。踏み込みは、床を「ダンッ」と鳴らすくらい力強くてよい。ヒザを伸ばし、低く下げていた上半身を戻しながら、力強くスイングする。

POINT 3 基本の3歩動で フォアの体勢をとる

フットワークは、①左足を少し出す→②右足で床を蹴って着地→③左足で踏み込むという基本の3歩での動きとなる。決定打を打てる位置まですばやく移動して、力強くインパクトする。

+1《プラスワン》 アドバイス ボールに合わせて回り込むこと

回り込みで重要なのは、ボールに合わせて足を動かすことである。ボールに追いつけずにステップが遅れると、決定打を打つことができない。ステップのミスで本来の力が発揮できないということにならないよう、すばやく回り込む練習を繰り返そう。

コツ 35

斜め前に飛びついてボールを打つ

CHECK POINT!

1. 右足を軸にしてボールから目を離さない
2. 右足を軸にしてボールに飛びつく
3. 飛びついたら右斜め前に着地する

右斜め前に飛びつき高い打点でインパクト

飛びつきとは、フォア側に大きく飛んできたボールを返球するための大きく移動するフットワークです。回り込みと同様、試合中に役立つ実践的なフットワークですので、しっかり身につけておくことが大切です。

飛びつきの際には、いくつかの注意点があります。飛びつきという名のとおり、どんなボールに対しても飛びついてインパクトしてしまいがちです。しかし、飛ばなくても届くボールに対しては、必要以上に飛ぶ必要はありません。かえってボールと体との距離がつまってしまうので注意しましょう。**右斜め前に飛び、インパクト時はなるべく高い位置の打点を狙いましょう。**

動画をチェック

POINT 1 右足を軸にしてボールから目を離さない

フォア側に来たボールをとらえるため、右足を真横に向けて少し出すことがポイント。真横に出すと、台と適度な距離を保つことができる。ボールをよく見て、飛びつくタイミングを見計らう。

POINT 2 右足を軸にしてボールに飛びつく

右足を軸にして、右斜め前に向かってボールに飛びつく。同時に、左足は床を蹴るように着地する。右斜め後ろに飛びついてしまうと、打球点が低くなり、強く安定した返球ができないので、できるだけ高い打点を狙う。

POINT 3 飛びついたら右斜め前に着地する

フットワークは、①右足を真横に出す→②左足で床を蹴って着地→③右斜め前に右足を着地するという基本の3歩での動きとなる。飛びつき後は、右足でバランスをとると体勢が安定する。

+1《プラスワン》アドバイス 一歩目の右足の動きが重要

飛びつきは、きっかけになる一歩目の右足の動きが最も重要になる。最初に右足をしっかりと真横に出しておかないと、斜め前に飛びつくことができず、後に体勢を崩してしまう。飛びつきを使うときには、一歩目を意識して動くとスムーズになる。

コラム

自分に合ったシューズを選ぶ

卓球は細かなラケットさばきを行う、手や腕の動作のイメージがありますが、フットワークも非常に重要なスポーツです。そのフットワークで動き続けるためには、シューズを慎重に選ぶことが大切です。

選ぶときのポイントは、しっかり自分の足にフィットしていること。そうすることで、捻挫などのケガを防止することができます。**プレー中、足腰に負担がかかることが多いので、滑りにくく着地時の衝撃をしっかりと吸収してくれるシューズがよいでしょう。**

スポーツ用品店の中には、卓球の選手向けのシューズを取り扱っているところがあります。俊敏に動けるよう軽量化を重視したものや、足を疲れにくくするためクッション性に優れたものなどシューズによって特徴が異なります。必ずプレー時の靴下を履いたうえで、試し履きをして自分の足にフィットするシューズを選びましょう。

PART
6
強豪校の練習メニュー

コツ36

ウォーミングアップ

ストレッチ＋筋トレで身体の動きを作る

練習前のストレッチでケガを防止する

一日の練習メニューの中にストレッチを組み込むことは非常に大切なことです。卓球に限らず、すべてのスポーツにおいて共通することですが、ウォーミングアップは柔軟性が高まることでケガの予防になります。また、筋肉の温度が上がることで、体の動きがスムーズになります。

　正智深谷高校卓球部では、「アクティブストレッチ」という筋肉トレーニングとストレッチを組み合わせたストレッチを導入し、練習前に毎回必ず一時間行っています。**これは一般的なストレッチよりも筋肉の温度が上がり、体のあらゆるパーツの可動域を広げる効果があります。**

動画をチェック

腸腰筋を伸ばす ランジストレッチ

①片足を一歩前に踏み込み、反対の手を上に上げる。

②踏み込んだ方のお尻に力を入れて、3秒止める。左右で10回繰り返す。

お尻の筋肉を伸ばす リバースランジローテーション

①立った状態から、片足を後ろに踏み出す。踏み出した方の手は床につける。

②踏み出した状態で上体をひねる。ひねったまま3秒止める。左右で10回行う。

内転筋を伸ばす サイドランジ

①立った状態で両腕を前に出す。

②片足を軸にして、もう片方の足を横に出して深く曲げたまま3秒止める。左右で10回行う。

お尻の筋肉を伸ばす シングルスクワット ウィズニーハグ

①片足スクワットの姿勢をとる。曲げた脚のヒザはつま先より前に出ないようにする。

②片足を上げて、両手で抱え込む。背筋はピンと伸ばす。ランニングフォームを意識する。

お尻と腰周りを伸ばす ドロップランジ

①立った状態で両腕を前に出す。

②片足を後ろへクロスさせて、腰を落とす。クロスステップ修得にも効果がある。左右で10回行う。

ふくらはぎを伸ばす アクティブストレッチ

①体でくの字を作るように、床に両手と両足をつける。かかとを床にしっかりつける。

②片方の足を伸ばしたまま、3秒止める。左右で10回行う。

モモの裏を伸ばす
インバーテッドハムストリングス

①両手を横にピンと伸ばして片足で立つ。

②片足で立ったまま、上体を90度まで前傾させて3秒止める。左右10回行う。

体の横の筋肉を伸ばす
ラットストレッチ

①四つん這いの上体から、片手を前に伸ばす。手のひらは上に向ける。

②伸ばした手の方へ体を倒していく。体の外側へ体重をかけたまま3秒止める。左右10回行う。

+1《プラスワン》 アドバイス

体勢が辛いときは半数でもよい

ここで紹介したアクティブストレッチは、通常のストレッチよりも体に負荷をかけている。初めのうちは体勢が辛いと感じるだろう。その場合は半分の回数に減らして行っても効果は得られるので、無理はしないこと。

コツ37 クールダウン

練習後のストレッチで疲労回復を早める

入念に行って翌日に疲れを残さない

練習が終わったらすぐに体の動きを止めるのではなく、クールダウンのためのストレッチを行いましょう。

クールダウンには、ゆっくりと体の熱を下げ、疲労回復を早める効果があります。一つのトレーニングにつき、ゆっくり20秒カウントして行います。左右行うことも忘れずに。翌日に疲れを残さないためにも、入念に行いましょう。

POINT 1 ラットストレッチをクールダウンでも活用

アクティブストレッチで行った「ラットストレッチ」をゆっくり20秒伸ばすだけにすると、リラックス効果が生まれる。

動画をチェック

腸腰筋のストレッチ

①背筋を伸ばして、片足を前に大きく出す。ヒザは90度くらいに曲げる。

②曲げたヒザに両手を乗せて、後ろ足の付け根を伸ばすことを意識する。

お尻のストレッチ

①ヒザを90度に曲げて、反対の足は真後ろに伸ばす。

②①から倒れこんだ状態でキープする。体が固い場合は、イスに足を乗せた方が伸ばしやすい。

ハムストリングスのストレッチ

①片ヒザを床について、もう片方の足を前に伸ばす。

②お尻をゆっくり引いていくと、ハムストリングスが伸びるのを感じる。

内転筋のストレッチ

①片ヒザを床について、もう片方の足を真横に伸ばす。

②足を伸ばした方に体重をかける。正面ではなく、しっかり真横に倒すこと。

フィジカル系トレーニング

コツ38 体幹を鍛えるトレーニング

重要な筋肉を鍛えて卓球上達につなげる

卓球を上達させるには、体幹のインナーマッスルを鍛えることが必要になります。体幹とは胴体部分の筋肉のことで、ここを鍛えることで動作がスムーズになり、パフォーマンスが向上します。**ラケットは腕で振りますが、実際は腕につながる体幹が固定されていないと、鋭いスイングができないため、十分鍛えないといけません。**

インナーマッスルとは、体の内側の深い部分にある筋肉の総称のことで、人の複雑な動作をスムーズにする役割があります。**この筋肉が弱いと、卓球ではフットワークでのブレが大きくなり、動きが遅れるなどの弊害が生まれます。**トレーニングは、すべて姿勢よく立った状態をイメージしてから行なってください。

動画をチェック

腹筋を鍛える
フロントブリッジ

①姿勢よく立った状態から、前に倒れこむイメージを持つ。

②両ヒジと両つま先を支点にして、お腹を引っ込めた状態を30秒キープして腹筋を伸ばす。

お尻の筋肉を鍛える
サイドブリッジ

①姿勢よく立った状態から、横に倒れこむイメージを持つ。片腕と片足で体を支えてお尻の筋肉を伸ばす。30秒キープする。

②体勢が辛い場合は、両足を揃えたままでもよい。

太ももを鍛える
レッグブリッジ

①片足を床と90度くらいに曲げる。もう一方の足はピンと伸ばして、つま先は上に向ける。30秒キープする。

②体勢が辛い場合は、両足を床につけてもよい。つま先は床につけないよう注意。

太ももを鍛える
スクワット

①両手を上に伸ばして、両足は骨盤の幅に開く。つま先は真っ直ぐ前に向ける。

②つま先よりも前に出すように、ヒザを曲げる。お腹を凹ませてお尻を突き出して行うと、猫背にならない。10回行う。

俊敏なフットワークで動くために

コツ39

瞬発力をつけるパワートレーニング

瞬発力と脚を鍛えて フットワークを俊敏にする

卓球はフットワークで動き続けて、ボールを正確な打点でとらえなければいけません。そのためには俊敏なフットワークが必要になります。

俊敏なフットワークは脚の筋肉を鍛えることはもちろん、瞬発力を身につけることで培われます。ここでは、脚力をつけることを中心としたパワートレーニングを紹介します。

タックジャンプとサイドステップは、このトレーニングの後に10mのスプリントを組み合わせることでより高い効果が得られます。タックジャンプでは3回ジャンプ後、基本のサイドステップでは1往復後、実践的なサイドステップでは、6〜10秒後にスプリントを行います。

動画をチェック

筋肉を伸縮させるボックスブラスト

①ボックス前でジャンプして、片足をボックスの上に着地させる

②ジャンプしたときに、足を入れ替えて着地することがポイント。10回行う。

着地後すぐに動く体勢をとるタックジャンプ

①モモを体に引きつけるように、高いジャンプを3回続ける。

②着地後、すぐに動けるよう上体を反らさずに、両足でしっかりと着地する。

全てのスポーツに共通する基本のサイドステップ

①マーカーを3つ等間隔に置く。

②お腹を引っ込めて、片方の足にもう片方の足を惹きつけながら、姿勢よくマーカーの間を横に移動する。1往復後に10mスプリントする。

卓球のフットワークに近い実戦的なサイドステップ

①マーカーを二つ置く。間隔は肩幅2つ分くらい空ける。

②両足を開いたまま横に移動し、利き手でマーカーをタッチする。6〜10秒後に10mスプリントする。

コツ 40

多球練習の目的

切れ間なくボールを打ち続ける

多球練習で弱点克服とレベルアップをはかる

卓球における多球練習は、**自分が苦手とする打法を克服することと、得意とする打法にさらに磨きをかけることを目的として行われます。**

多球練習のポイントは、切れ間なくボールを何百球と打ち続けることです。そうすることで、正しいフォームを徹底的に体に染み込ませることができます。

練習する側の人に切れ間なくボールを打たせるには、ボールを送球する側の人が一定のリズムを保ち、決められたコースへ出し続けることが必要になります。送球する側の人は、所定のコースへ常に同じ回転とスピードのボールを出し続けられるよう、感覚を身につけておきましょう。

動画をチェック

コツ41 目印に向かってサービスを出す

思った通りの回転とコースに出す

サービスは自分が思い通りに打てる唯一の打法です。苦手なサービスをなくして、あらゆる回転のサービスを出せることが試合の主導権を握るカギとなるため、サービス練習は欠かせない練習の一つといえます。**思った通りの回転と、コースに出せるようになるまで、繰り返し行いましょう。**

動画をチェック

POINT ① 破損したボールを目印に使う

破損して使えなくなったボールをコート内に目印として置き、これを狙ってサービスを出す。この目印に当たったら成功。30～40分続けて行い、その間に何百球と出し続ける。

コツ42 実践練習

強化したいレシーブで返球を繰り返す

ボールの近くまで足を運んでレシーブ

実践練習では、同じコースに送球してもらっては意味がありません。多方向にランダムに出してもらいましょう。そうすることで、実際の試合でも、相手選手のあらゆる攻撃にすばやく対応できる力が身につきます。**どんなボールに対してもボールの近くまで足を運ぶことがポイントです。**

POINT 1 まずは相手コートに確実に入れること

100～200球を目安に強化したいシステムを行う。まずは、相手のコートに確実に入れることを意識して、慣れてきたら攻撃的なレシーブをマスターできるとよい。

動画をチェック

試合のラリーを想定した練習

フォア前に出されたサービスを、フォアハンドのストップでレシーブする。次に前進回転がかかったボールをバック側に送球される。これをバックハンドで返球する。3球目以降はランダムに出してもらうことで、実際の試合でラリーが始まったと想定したランダムな多球練習ができる。

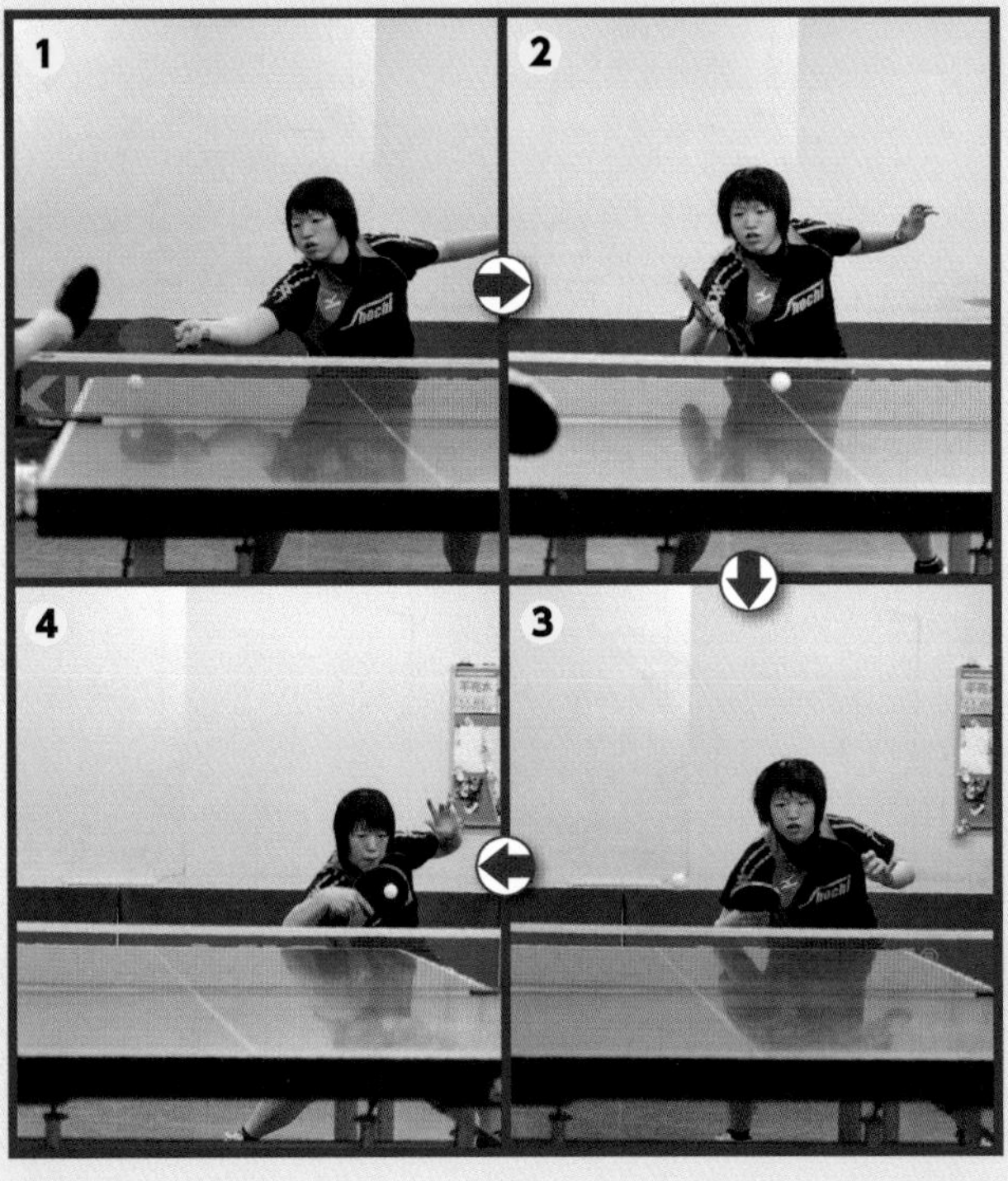

4球目攻撃を強化する練習

フォア前に出されたサービスを、フォアハンドのストップでレシーブする。次に、バック側に送球されたボールをバックハンドで返す。レシーブと4球目攻撃の強化に効果的な多球練習。

コツ 43

フットワーク練習

4つの基本練習でフットワークを強化する

初歩から実践に近い練習方法がある

卓球で重要なフットワークを練習するための方法は、細かく分けると何千種類もの数になります。ここでは、数ある練習方法の中で基本とされる4つのフットワーク練習を紹介します。**初歩的な練習方法から実践の動きに近づけた練習方法があるので、自分の苦手とする動きを克服して、強化を目指そう。**

POINT 1 フットワーク練習を録画しておこう

フットワーク練習の動きを録画しておくことで、自分の足の運びを客観的に見られる。「無駄な動きをしていないか」などという点を後で確認することができる。

動画をチェック

基本となる前後のフットワーク練習

卓球初心者向けの基本となる前後のフットワーク練習。あらかじめ自分で動く範囲を決めて前後に移動する。小さく動く場合は、台から50cmくらいの距離をとる。7分半〜10分くらい行う。

基本となる左右のフットワーク練習

前後のフットワークと同様、卓球初心者向けの基本的な左右のフットワーク練習。あらかじめ動く範囲を決める。大きく動く場合はコート全面、小さく動く場合は半面の範囲で移動する。7分半〜10分くらい行う。

実践的なフットワーク練習①

フォアハンドで2回打ち、バックハンドで2回打つという二本二本の切り返しを行いながらのフットワーク練習。両足は肩幅よりも少し広く開く。一本一本だとフォアとバックの切り返しが忙しいため難易度が上がる。初めは余裕のある三本三本から始めてもよい。

実践的なフットワーク練習②

バックハンド対バックハンドでラリーを行い、途中でフォアハンドを入れて返球するときのフットワーク練習。フォアで打ったら、またバックハンドでのラリーに戻る。お互い予想外のタイミングでフォアで返されるため、実践に近い動きができる。両足は肩幅よりも少し広く開くと動きやすい。

PART 7

試合に勝利するための戦術

コツ44

相手を分析する

試合に勝つための戦術

CHECK POINT!

1. まずは相手のサービスの特徴から見る
2. 最初の1ゲーム中に相手の特徴をつかむ
3. 試合でのビデオ撮影は次の試合に生かす

相手のサービスの特徴をつかんでおく

試合で主導権を握るためには、相手の戦型やどんな特徴があるかのかを事前に調べて分析することが重要です。試合のトーナメントやリーグが発表されたら、対戦相手をチェックしましょう。対戦相手の試合をビデオで録画したり、その選手と戦ったことのあるチームメイトからヒアリングする手間を惜しまずに行うことが勝利につながります。

最初に確認しておきたいのは、サービスです。相手が頻繁に出すコースや、得意とする回転をあらかじめ知っていると、戦いやすくなります。また、相手がレシーブをしたとき、どのコースにボールが集まりやすいかということも合わせてチェックできるとよいでしょう。

動画をチェック

POINT ① まずはサービスの特徴から見る

　対戦相手の分析をする際は、まずサービスの特徴をつかむことが大切。相手が得意とするコースや回転を把握しておけば、優位にラリーを進めることができる。次に、レシーブの特徴も把握できると、より有利になる。

POINT ② 最初の1ゲーム中に相手の特徴をつかむ

　試合は通常5ゲームマッチで行われる。そのため、最初の1ゲーム中に相手のサービスとレシーブの特徴をつかみ、分析したことを2ゲーム目から生かそう。試合に慣れ、1ゲーム中盤でつかめるようになるとベスト。

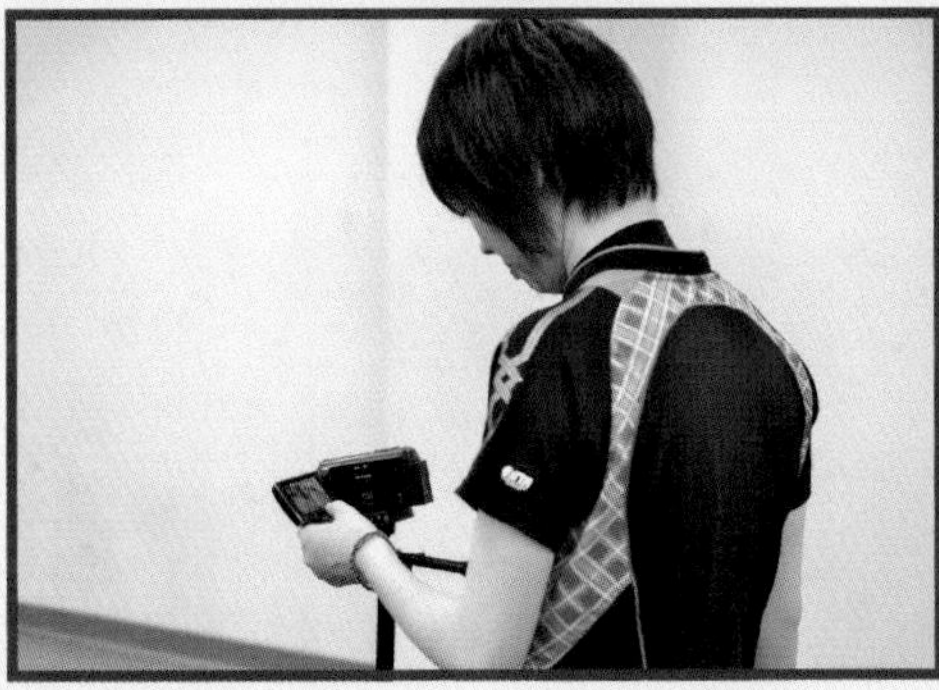

POINT ③ 試合でのビデオ撮影は次の試合に生かす

　機器の普及により、ビデオは現在、選手一人につき一台もっているような状況。練習で自分のフォームを録画して見る以外にも、試合中、特に強い選手の動きを記録しておくためにも使おう。

+1《プラスワン》 アドバイス 対戦相手も常に進化している

　試合で対戦相手の動きを録画して、次の試合に生かすことは大切である。しかし、その映像に頼りすぎるのは禁物。予習してきた動きと違うパターンで動かれた場合、パニックに陥ることもある。相手も常に進化していることを忘れずに、参考程度に確認するのがよい。

三球目攻撃①

コツ45

短い下回転サービスを出してツッツキをさせる

自分が攻撃しやすいレシーブを打たせる

各PARTでレシーブやサービス、決定打になるショットの打ち方を紹介してきましたが、このPARTではそれらを組み合わせて得点力を高める戦術を覚えましょう。その代表ともいえる戦術が、三球目攻撃です。

三球目攻撃とは、自分にサービス権がある場合、そのサービスを一球目、サービスに対する相手のレシーブが二球目、そして、そのレシーブを返球する三球目で得点を決めることです。

卓球ではサービス権を持っている方が有利ですから、どのようなサービスを出せば、三球目攻撃のときに打ちやすいレシーブが来るかを想定してから打ちましょう。

動画をチェック

一球目は下回転サービスを相手のバック側へ短く出す。この場合、ツッツキでレシーブをされるパターンが多いため、あらかじめ相手のレシーブを想定できる。相手のツッツキを、回り込みをしながらドライブでストレートに攻める。このとき回り込みがしっかりできないと、ツッツキの回転に負けてネットミスになるので注意する。

コツ46

三球目攻撃②

ロングサービスを出してレシーブを遅れさせる

一球目はロングサービスを相手のフォア側へ出す。これは相手の不意をつくサービスのため、相手は二球目を遅れてフォアハンドのロングで返してくる。その甘い返球をスピードドライブで迎え撃ち、決定打とする。サービスを出した後は、台から離れて三球目のスピードドライブに備えることがポイント。

動画をチェック

コツ47

3球目はバックハンドのスピードドライブで返す

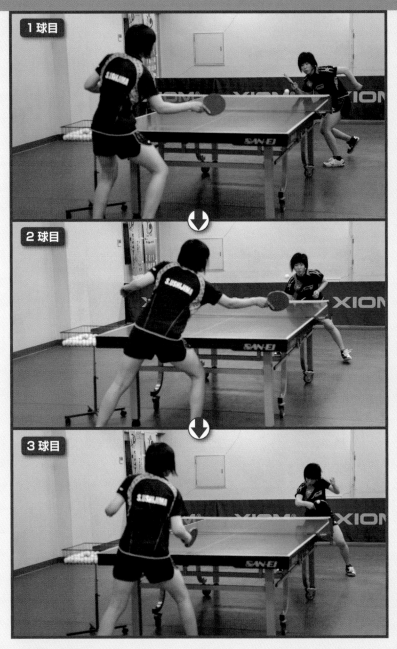

一球目は横回転サービスを相手のフォア側に短く出す。相手がフォアのツッツキでレシーブしてきたところを、バックハンドのスピードドライブで返球する。バックハンドは体の正面でボールをとらえるため、フォアハンドよりも早く返球できるメリットがある。このすばやい3球目攻撃により、相手の動きを封じる効果がある。

動画をチェック

コツ48 四球目攻撃①

バックハンドのスピードドライブですばやく対応する

相手の三球目攻撃を防ぎ攻撃力の高いレシーブで打つ

四球目攻撃とは、自分にサービス権がない場合に考える戦術のことです。従って四球目攻撃は、相手のサービスが一球目、自分のレシーブが二球目となり、相手の三球目攻撃をかわして、四球目に得点を決めることをいいます。

四球目攻撃のポイントは、相手が得点を狙ってくる三球目攻撃を防ぐことです。この三球目攻撃を防がないと、四球目につなぐことができません。そのためには、**相手に三球目を決めさせないフリックやチキータなどの攻撃力の高いレシーブで迎え撃つことが必要です。**

三球目攻撃にも共通しますが、いくつかの攻撃パターンを作り、それを試合で使えるようになるとベストです。

動画をチェック

相手が下回転サービスをフォア側に出してきた場合、まずはストップでレシーブする。ストップに対して、バックハンドのツッツキで返されたら、こちらはすばやい対応が求められる。この場合、フォアハンドよりも早く返球できる、バックハンドのスピードドライブを決定打に選ぶとよい。

コツ49

四球目攻撃②

フリックで相手を台の遠くへ追いやる

相手が下回転に見せかけたナックルサービスを出してきた場合、まずはバックハンドのフリックでレシーブする。このフリックで相手を台から遠くに追いやり、泳がせることがポイントになる。対応が遅れた相手が慌ててロングで返してくるところを、スピードドライブで一気に決める。

動画をチェック

コツ50 2球目で判断を惑わせて決定打をさせない

相手がフォア前に下回転サービスを出してきた場合、まずは相手のバック側にすばやいツッツキでレシーブする。すばやいツッツキは、相手にツッツキかストップかを惑わせる効果がある。判断が遅れた相手は、回り込みをしてループドライブをする。相手の決定打が弱まったところを、スピードドライブで決める。

動画をチェック

素朴な疑問を解消!

卓球の疑問 Q&A

部活動で卓球を続けていると練習の中で疑問が生じたり、
試合を経験することで自分の弱点が分かってくる。
疑問や不安はどんな小さなことでも早期に解決して、
さらなるレベルアップを目指そう。

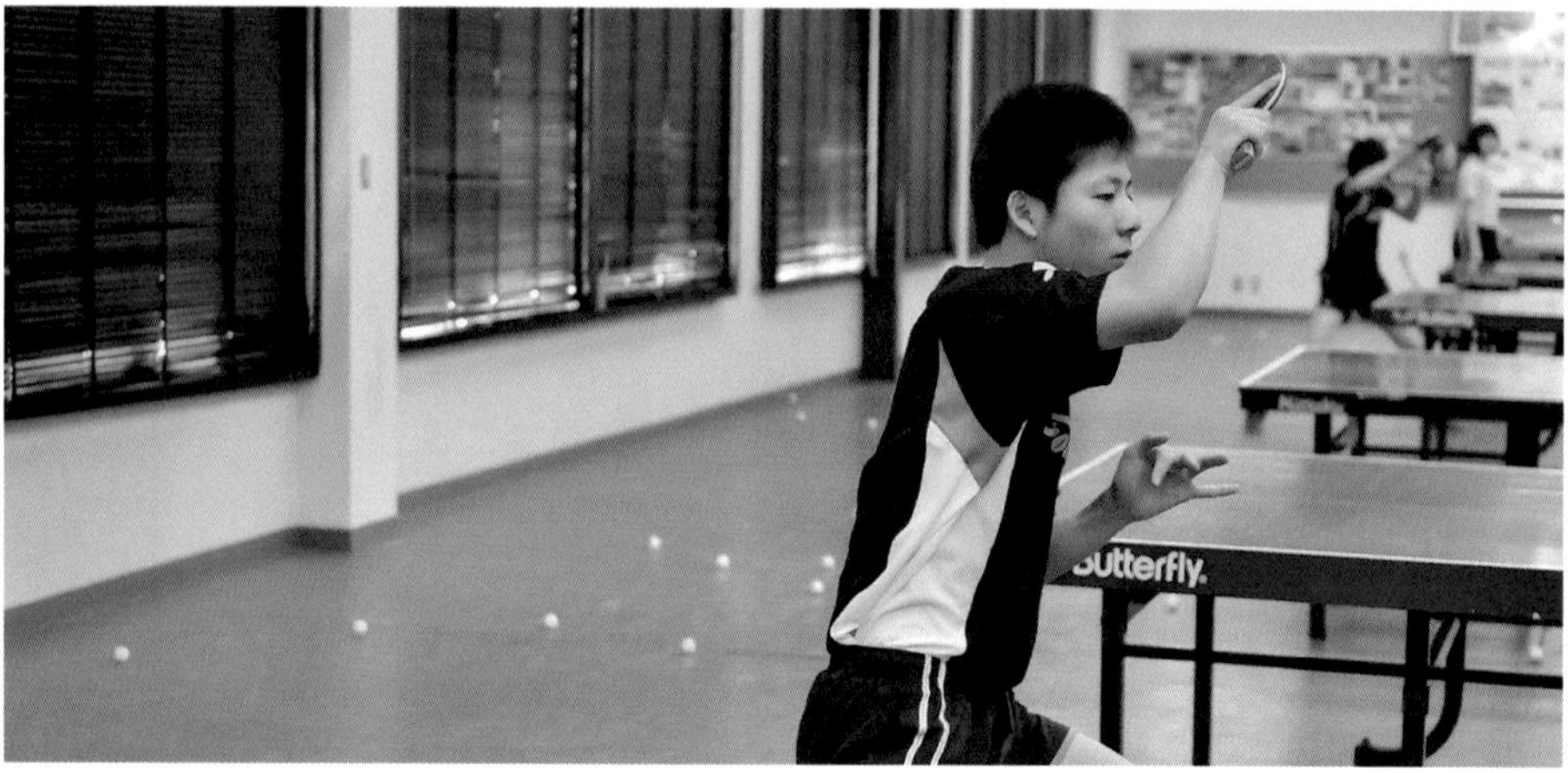

Q.1……小柄な選手が試合に勝つにはどうしたらいい？

A.1……大柄な選手のパワーに負けない技術力をつけよう

小柄で力にあまり自信のない選手が、大柄で力のある選手と互角に戦うには、力で挑むのではなく技術面を向上させることがポイントです。例えば、ラリー中のミスを減らしたり、台上のプレー力をつけたりすることを意識するとよいでしょう。力で劣る分、簡単にスタミナ切れしないような持久力を高い技術力と合わせて身につけられると、弱点をカバーできます。

Q.2……簡単にサービスを返球されてしまう

A.2……回転とコースを変えて出しましょう

卓球の試合では、3球目攻撃につながるサービスが非常に重要です。サービスを簡単に返球されては、3球目で得点を決めることが難しくなります。例えば、試合で多用される下回転サービスばかり出すのではなく、横回転サービスが得意になるとよいでしょう。また、コースは前後に変化をつけたり、両サイド端を狙って出せるようになると相手を大きく動かすことができます。

Q.3……レシーブミスが多くなってしまう

A.3……ボールの回転に適したレシーブを判断する

レシーブで最も大切なことは、相手のサービスの回転を見極め、その回転に適したレシーブを判断して行うことです。そのためには、ボールの回転の仕組みから理解する必要があります。例えば、下回転はバックスピンがかかっているので普通に打つとボールは下に落ちるなどです。また、どんなコースにも対応できるよう、前後左右のフットワーク力を練習で上げましょう。

監修者紹介

正智深谷高等学校 卓球部 監督

平　亮太

埼玉工大深谷高等学校(現・正智深谷高等学校)、早稲田大学を卒業後、株式会社びわこ銀行に入社。その後プロ転向し、現役時代はインターハイ優勝、世界選手権ドルトムント大会日本代表、全日本選手権男子ダブルス準優勝などの実績を残す。

2005年に正智深谷高等学校に赴任し、翌年より卓球部監督として、スローガンに「人間力」を掲げて指導にあたる。2012年から2年連続で全国高校選抜大会3位、2014年には2位入賞。2009年から8年連続でインターハイ女子団体ベスト8以上、2015年には女子シングルス・女子ダブルスで優勝に導く。

モデル紹介

正智深谷高等学校　女子卓球部

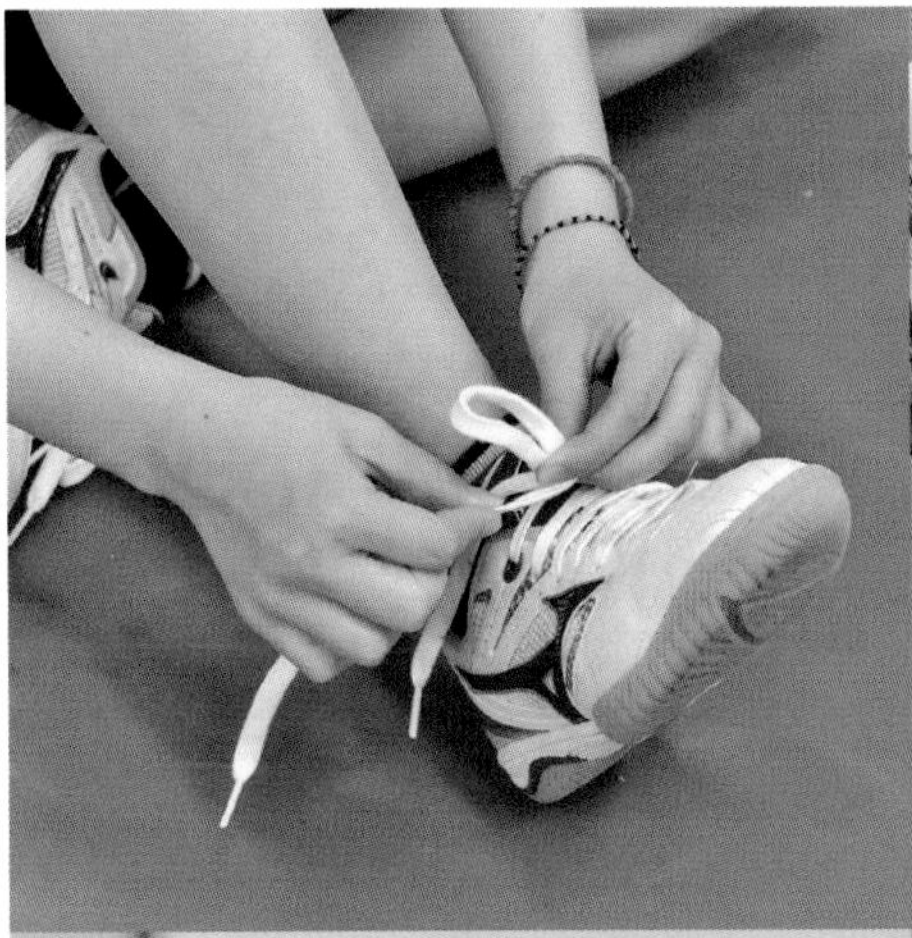

全ての動画が視聴できます

URL からも動画を視聴できます

https://gig-sports.com/tabletennisclub-playall/

ALL PLAY

※二次元コードについては、お手持ちのスマートフォンやタブレット端末バーコードリーダー機能、または二次元コード読み取りアプリ等をご活用ください。

※機種ごとの操作方法や設定等に関するご質問には対応しかねます。その他、サーバー側のメンテナンスや更新等によって、当該ウェブサイトにアクセスできなくなる可能性もあります。ご了承ください。

※ YouTube の視聴には、別途通信料等がかかります。
また、圏外でつながらないケースもあります。あわせてご了承ください。

※本動画の権利は株式会社ギグに属します。再配布や販売、営利目的での利用はお断りします。

本書スタッフ
カメラ　柳太、内山政彦
デザイン　居山勝
イラスト　都澤昇
編集　株式会社ギグ

動画制作
株式会社ツダ商会
津田宏樹
大野裕樹

部活でスキルアップ！
勝つ卓球 動画でわかる最強のコツ50

2023年 4 月10日　第1版・第1刷発行
2023年10月10日　第1版・第2刷発行

監修者　平亮太（たいらりょうた）
発行者　株式会社 メイツユニバーサルコンテンツ
代表者　大羽孝志
〒102-0093 東京都千代田区平河町1丁目1-8
印　刷　大日本印刷株式会社

◎「メイツ出版」は当社の商標です。

●本書の一部、あるいは全部を無断でコピーすることは、法律で認められた場合を除き、著作権の侵害となりますので禁止します。
●定価はカバーに表示してあります。
©ギグ, 2014, 2018, 2023. ISBN978-4-7804-2757-8 C2075 Printed in Japan.

ご意見・ご感想はホームページから承っております。
ウェブサイト https://www.mates-publishing.co.jp/

企画担当：千代 寧

※本書は2018年発行の『DVDでわかる！部活で大活躍！卓球 最強のコツ50 改訂版』の動画の視聴方法及び書名・装丁を変更し新たに発行したものです。